La Ginarchia

Aline d'Arbrant

© 1997, Aline d'Arbrant pour *La Gynarchie*.
© 2012, Aline d'Arbrant per questa traduzione.
© 2015, Aline d'Arbrant per questa edizione.
ISBN : 978-1-326-22670-1

Traduzione in italiano di Watenab.

INDICE

Introduzione

I - Una teoria millenaria e universale

In ogni epoca, l'uomo ha tentato si sorpassare la Donna. Certi periodi, essi sono stati abbastanza orgogliosi di questo dominio, soprattutto durante l'era cristiana. Ma a partire da oggi e fino alla fine dei tempi la Donna regna e regnerà.

La superiorità della Donna è naturale, ciò non può essere ignorato, neanche presso il mondo animale, come potremo vedere in seguito.

Quanto all'essere umano, che ha preferito mascherare questa realtà, inizialmente come reazione a tutta la potenza femminile, poi per compiacenza al potere ecclesiastico geloso, in fine per soddisfare il ridicolo amor proprio del maschio della specie e il suo ego malmenato, la sua riconversione alla Ginarchia cominciato da 2 secoli è oggi in fase terminale, anche se qualche maschio sta tentando ancora di ritardarla.

Il potere assoluto della Donna, la Ginarchia, non è solamente un'utopia poiché essa è già stata instaurata, nei tempi, dei miti come nei tempi storici, per il buon nome di tutti e tutte (prima parte di questa opera) ma bensì una realtà.

Ma perché ci siano sempre dei partigiani e militanti convinti (seconda parte) che questa utopia si trasformi in una società ideale, un El Dorado, non ci resta che costruirla.

Le sue pratiche, le sue teorie, la sua filosofia, i suoi metodi di azione e di persuasione sono oramai scritti, conosciuti, compresi e perfettamente applicabili (terza parte)

Infine, solo la Ginarchia, con la sua visione chiara del mondo, il suo programma sociale realistico e le sue innovazioni politiche e rivoluzionarie (quarta parte) può apportare felicità alla specie umana e donare una reale speranza per vivere meglio e per essere migliori.

II - La vita animale: una ginarchia naturale

La ginarchia è una legge dettata da Madre natura. Come prova è sufficiente pensare ai costumi di vita di qualche animale tra i più noti. Ne citiamo alcuni a titolo di esempio, la Mantide religiosa, il cui nome della specie è rimasto nel vocabolario corrente per designare la Donna fatale, la Femmina sopprime o divora il maschio dopo l'uso. Ogni Donna, ogni femmina, è poco o tanto una mantide religiosa.

Le ginarche contemporanee sono ben persuase di ciò, ma a sostegno delle loro tesi, non c'è che la Femmina di questo insetto. In effetti, molti animali hanno scelto la Ginarchia o subiscono la legge delle Femmine della specie :

a) Della donna fatale e della femmina divorante :
Nei ragni, la differenza di taglia tra i partner dei due sessi è così pronunciata che la femmina rischia diverse volte di confondere il maschio minuscolo con uno della sua prole,

anche durante i preliminari, quest'ultimo deve approcciare la sua bella in modo da non farsi schiacciare, a pena di finire come spuntino. La copulazione non dura che ½ secondo e il maschio è interessato a campare ancora a lungo, ma spesso, la femmina, più grande e più rapida, non gli lascia alcuna possibilità;

   b) La castrazione e la morte :
   La *vagina dentata* non è un mito ad uso dei masochisti e
dei ginarchisti usato in cattive argomentazioni
scientifiche, presso le api, per esempio, la Regina vergine
diffonde un profumo afrodisiaco. Questo attira un
soggetto schiavo a compiere l'atto sessuale. Allora la
Regina sanziona la mascolinità di colui che l'ha profanata
e lo castra. Il maschio di cui il pene staccato durante
l'accoppiamento resta nell'apparato genitale della Regina,
muore dissanguato ed emasculato.

   c) La libertà sessuale per la Donna :
   Dalla deposizione delle uova, la femmina albatros lascia
al suo compagno la cura di covare le uova fino alla loro
dischiusa. Liberata dagli impegni materni, essa può
convolare con altri maschi per meglio assicurare la
prosecuzione della razza. Delle numerose specie di
uccelli adottanti un comportamento similare anche presso
i Nandù i kiwis e i casoars i maschi si occupano del nido
da costruire, delle uova da covare e dei giovani da
allevare.
   *d) Il ritorno « freudiano » del maschio verso il sesso della
femmina :*
   La "bonallie" (verme marino dismorfico) femmina si
nutre con l'aiuto del suo tentacolo. Il maschio si fissa allo
stato di larva, dopo si introduce nel suo apparato genitale
per fecondarla e li ci resterà fino alla fine della sua vita.
Non è male in fondo, il sacrificio incosciente verso il
quale tende ogni maschio, compreso il maschio umano,
il ritorno dell'adolescenza verso la cavità uterina. Nel

ricordarci di Bernard Blier e delle sue comparse maschili miniaturizzate in "Calmos", il film dei suoi [fili], che finirà i suoi giorni in una caverna vaginale ed escatologica.

e) Il diritto scimmiesco parentale è ginarchico :
In effetti, se presso gli umani c'è bisogno di ricorrere ad un giudice tanto per divorziare che per ottenere l'affidamento dei figli e lo stesso diritto, negli USA come nella maggior parte dell'Europa, è assolutamente e fortunatamente a vantaggio delle Donne, presso le scimmie non esiste un giudice, è la femmina a prendere ogni decisione. Presso gli oranghi, per esempio, il maschio deve domandare il permesso alla madre per poter solamente toccare i neonati. Quanto alla femmina del babbuino, essa affida il suo bebè al maschio e non se ne occupa se non per allattarlo. Se egli tarda poi a riprendere il suo fardello, il padre, viene seriamente maltrattato.

f) Una ginarchia multirazziale :
Poiché abbiamo iniziato con gli insetti finiamo con gli insetti e per questa grande lezione di umiltà che ci riferiamo a certe lucciole femmine. Esse non si preoccupano, come certi umani di scegliere i loro maschi nella loro stessa specie. Elle sanno imitare i segnali luminosi emessi dalle consorelle di una specie vicina per attirare i maschi, ma non per usarli normalmente e procreare ma per abusarne e gestirli. La Ginarchia è dunque un fenomeno naturale voluto dalla Dea Madre, Facendo astrazione di tutta la sua spiritualità, l'uomo, come risaputo dopo Darwin, ha origini animali e la legge

matriarcale è evidente anche in questa ascendenza non umana. Tanto il passato come, il futuro è ginarchico.

III - *La Donna è l'avvenire dell'uomo*

E' inutile per il maschio tentare di giustificare la sua stessa esistenza. Senza la Donna non è nulla. Egli non può ne venire al mondo ne sopravvivere ne riprodursi ne sperare di raggiungere la felicità.

Quando l'uomo infine, si accorge del suo errore di percorso, nei secoli durante i quali ha detenuto le redini del potere, quando il mondo si trova per suo destino al limite dell'esplosione o della disintegrazione, il maschio della specie umana deve abbandonare la sua partita e affidare umilmente il suo destino alle mani delle sue Sorelle superiori.

Egli è consapevole della sua sconfitta. Le Donne sono consapevoli della loro vittoria. Il mondo ha un motivo di speranza. La Ginarchia ci salverà. Essa solamente può mantenere salvo il mondo, il pianeta e la specie umana. E questo piccolo libro vuole essere una pietra di questo magnifico edificio da costruire.

PRIMA PARTE

Dalle origini matriarcali alle moderne amazzoni

I - Il matriarcato primitivo

Jan Jacob Bachofen[1] è uno dei primi teorici del matriarcato. Egli ha dimostrato nella sua opera che l'homo sapiens protostorico ha vissuto all'alba dell'umanità nel timore, nel rispetto e nell'adorazione della Donna. L'uomo primitivo era sottomesso naturalmente a sua Madre, poi al momento del primitivo desiderio di accoppiamento, della pubertà, questo lo donava, lo scambiava o lo vendeva a quella che lei sceglieva per lui, la quale lo comprava o se lo guadagnava con prove di forza e coraggio .

Questa autorità femminile istituita dalla natura ha spinto il maschio, dalle origini a sottomettersi alla Donna, a cacciare, poi a lavorare per Lei, a servirla e obbedirle come un superiore naturale, a crederle e adorarla come una Maga onnipotente, in contatto con tutte le divinità del Mondo. Il primo uomo, schiavo della Donna, sottomesso incondizionatamente era onorato della sua sorte privilegiata, non sognava di liberarsi da questo giogo legittimo che non era altro che l'ordine costituito delle cose, oltre che il desiderio di proprietà, la sete di potenza, né il piacere di instillare la ribellione e la riconoscenza della autorità della Donna di liberarsi dalla tutela femminile.

Da allora, l'uomo è diventato un primitivo perdendo nel passaggio i valori morali e divini che sua madre e le sue compagne li avevano inculcato. La forza brutale, la fame di potere e il sentimento di trovarsi al di sopra delle altre specie terrestri fecero il resto. L'uomo instaura il regime patriarcale.

Bachofen vede nella tragedia greca l'espressione del passaggio dalla promiscuità primitiva del regno delle Madri al patriarcato.

Tutta la nostra primitiva cultura era stata dunque concepita al solo scopo di avvalorare un potere usurpato.

Simone de Bouvoir, benché sembra all'inizio della sua opera consacrata al sesso superiore [2], condanna le teorie di Bachofen, ma riconosce tuttavia più o meno la validità della sua tesi : « i bambini appartengono al clan delle loro madri, portano il suo nome ... La proprietà comunitaria si trasmette tramite le donne (...). Si può considerare che misticamente la terra appartiene alle Donne. »

Da tempo immemorabile l'uomo ha percepito la forza creatrice della donna e la sua autorità : queste due qualità hanno assicurato la Supremazia di Lei durante i millenni, e hanno spinto l'uomo alla ribellione.

Essendo venerata e temuta per la sua fecondità , essendo superiore all'uomo e partecipando alla formazione del suo carattere, la donna teneva in una certa maniera l'uomo sotto la sua dipendenza.[3]

Françoise d'Eaubonne[4] apporta delle prove certe sull'esistenza delle Amazzoni, della autenticità del loro pensiero e del messaggio che elle inviarono all'umanità.

L'universitaria Pierre Samuel[5] aggiunge degli elementi e propone delle nuove piste.

Le amazzoni sarebbero state, tanto un mito che una persistenza di uno stato matriarcale primario e , storicamente, dei primi scritti dello storico Diodoro di Sicilia, l'espressione di una resistenza femminile all'usurpazione patriarcale.

II - Le *Amazzoni*[6]

Il mito :

Diversi racconti mitologici e storici riportano l'esistenza di tribù di donne guerriere da cui i maschi sono, sia soppressi dalla nascita, sia, nel migliore dei casi mutilati o ridotti in schiavitù e destinati ai lavori agricoli e domestici.

Diodoro di Sicilia le situa ai confini dell'ovest della Libia[7]. Secondo lui, elle erano ugualmente vicine alle Gorgone , altre tribù di Amazzoni, ma nemiche e molto feroci, la cui regina era Medusa e che potrebbero essere queste stesse amazzoni di cui si rileva tracce in Etiopia[8].

Sotto la guida della loro regina Myrina, vinsero mille guerre e trentamila cavalieri, conquistarono l'Atlantide di cui massacrarono e asservirono definitivamente i soggetti maschi, il che potrebbe essere una spiegazione della scomparsa mistica di questo popolo. Le Donne di Atlantide si unirono alle Amazzoni, mentre i loro maschi perserono la loro identità per un genocidio o una definitiva riduzione in schiavitù.

Nella mitologia greca si narra di un altro popolo di Amazzoni in Asia Minore, il cui territorio andava dal fiume Thermodon fino ai piedi del Caucaso e la cui capitale era Themiscyre.

La loro Regina, Ippolita, fu uccisa da Ercole, nel corso del suo nono lavoro, in ordine alla grandezza della sua cintura (quella donata dal Dio Ares suo padre).

Un'altra Regina, Pentesilea, durante l'assedio di Troia,

fece innamorare perdutamente Achille di Lei, purtroppo solamente dopo che quest'ultimo ne ebbe trafitto il corpo con la sua spada[9].

La tradizione sostiene inoltre la versione di una guerra dei Greci contro le Amazzoni sciite nel corso della quale quest'ultime vittoriose si accamparono davanti ad Atena vinta, su una collina che dedicarono al loro Padre (dall'etimologia del suo nome attuale : l'Areopago)

Queste stesse Amazzoni, respinte al di là del Caucaso, stabilirono il loro impero tra il Don e il Danubio, paese di origine del popolo celtico, il quale oltre a dei costumi tipicamente matriarcali, presero come loro strumento tradizionale la cornamusa. Elle conquistarono paesi interi, come l'Iberia e l'Albania. Molte donne di questi paesi, si unirono a Maria Francia le Fel[10]. Le regnanti misero i loro mariti o i loro fratelli in schiavitù. Certi uomini si sottomisero volontariamente al giogo delle feroci combattenti.

Finalmente la maggior parte delle mitologie hanno le loro amazzoni, ciò dovrà giustamente, attestare il fatto che non si tratta solo di un mito.

La festa celtica come la Walchiria germanica, riguarda Amazzoni magiche. Alcune guidano gli uomini in battaglia verso la morte, altre sono capaci di trasformarsi in streghe, entrambe sono una chiara sopravvivenza o reminiscenza delle società matriarcali[11]. Prima di essere state mistificate, essere erano delle semplici e pacifiche tribù di Amazzoni. Jaques Marcireau[12] aderisce a questa tesi donando la spiegazione storica e scientifica seguente :

Dopo aver giocato la propria autorità durante il periodo matriarcale, le donne sono state ridotte, con l'avvento del patriarcato alla schiavitù ma questa riconversione non è avvenuta senza lotta. Senza dubbio le Donne sono state vinte, ma si sono costituite, così le possiamo chiamare, delle isole di resistenza dove restano le padrone.

La dove trionfarono, le donne costituirono queste nazioni femminili conosciute con il nome di Amazzoni. Le Amazzoni, si potrebbero definire quindi : lo stato delle Donne in ribellione contro l'autorità maschile,(esse vengono datate all'epoca patriarcale).

Le Donne nei luoghi dove furono vittoriose, trattavano l'uomo con derisione, la stessa con cui fu trattata nel resto del mondo.

Andiamo adesso a studiare queste "isole di resistenza" storicamente attestate.

La storia :

Si trovano tracce di queste prime amazzoni sciite all'epoca storica del IV secolo a.C., quando una delle loro regine, Thalestris, vince alla testa di un armata di trecento Amazzoni, vide Alessandro il Grande chiedendoli di darle un bambino, richiesta che egli volentieri accettò[13].

Nel VIII secolo d.C., la principessa di Boemia "Ribussa" aveva un corpo di guardia formato da Amazzoni. Alla sua morte, queste si rifiutarono di sottomettersi all'autorità dei maschi , si rifugiarono sotto la guida della bella Wlasta al castello di "Diewin", chiamato castello della Giovani Figlie.

Dopo aver massacrato le truppe del nuovo re di Boemia elle colonizzarono rapidamente i territori circostanti, emanando leggi matriarcali e riducendo gli uomini in schiavitù legale.

Nel XIX secolo d.C. il Grande Dizionario Larousse, così le descriveva :

« Ella pubblicava un codice, di cui gli ultimi tre articoli stabilivano che gli uomini dovevano dimenticarsi di imbracciare le armi, a pena di morte; essi hanno il permesso di montare a cavallo solamente a gambe unite e pendenti a sinistra del cavallo, chi oserebbe apparire al contrario verrebbe condannato a morte; l'uomo, a qualunque classe possa appartenere, dovrà arare ed effettuare tutti i lavori, mentre le Donne, potranno lottare tra loro; le giovani donne potranno scegliere il marito da se stesse, e se l'uomo rifiuterà o accetterà con rammarico sarà condannato a morte. »

L'emissario del re venuto ad esigere la loro sottomissione, fu castrato e rinviato al suo mastro,. Wlasta regnò per 8 anni allargando le frontiere, restaurando il matriarcato dove arrivava[14]. Alla fine il duca di Boemia ebbela meglio sulle Figlie del Diewin

Nel XVI secolo i conquistatore intravidero nelle vicinanze della confluenza tra i fiumi Orinoco e il Rio delle Amazzoni, una tribù di donne guerriere di cui ebbero paura e che determinò appunto il nome di questo immenso fiume. L'esistenza di queste Amazzoni per così dire amazzoniche è stata ancora attestata nel 1958 da alcuni esploratori.

Nel 1972 Von Puttmaker scoprì delle grotte con dei dipinti che senza dubbio appartenevano per la natura delle abitudini a delle abitanti femmine : Esse erano

Lesbiche. Elle catturavano prigionieri solo per farsi mettere in cinta e per sacrificare i loro figli maschi e i mariti effimeri su una specie di altare con un piccolo canale lungo un lato per far scolare il sangue di questi. Il dolce suono di un flauto avrebbe accompagnato la mattanza. Gli Indiani occidentali hanno tali brutte memorie di ciò, che le loro donne si sono dimenticate di suonare il flauto[15].

Nel XVII, si scoprì nel Caucaso (molto vicino al loro originale territorio) una tribù di Amazzoni, le *Emmetches*.

Alla fine del XIX e all' inizio del XX secolo nel Dahomey, la guardia reale era costituita unicamente da donne guerriere. (c'erano molte armi di loro). La più terribile di loro, la crudele Agodjie, prima di ucciderli beveva il sangue dei soldati colonizzatori che esse catturavano.

Vicino al regno di Dalmut, in Etiopia, presso il territorio delle preistoriche Gorgoni, una popolazione di Amazzoni ha ancora una reputazione di estrema ferocità.

Infine, alla fine degli anni 60, nel XX secolo, una nord americana, di una intelligenza eccezionale, militante femminista e lesbica,Valerie Solonas creò lo SCUM[16]. Questa associazione di Amazzoni (moderne) sarà rapidamente interdetta a causa dei suoi scopi dichiarati e stampati, castrazione e asservimento di tutti i maschi in vista, a medio termine e dopo aver immagazzinato seme a sufficienza, loro definitiva soppressione.

Tuttavia lo SCUM ebbe il tempo di fare molti altri adepti, lesbiche, femministe o semplicemente partigiani simpatizzanti della supremazia femminile e oggi sotto la copertura di associazioni di donne dominatrici o di uomini masochisti, si moltiplicano le organizzazioni attive di Amazzoni, soprattutto negli USA *(Femmina society*[17] e in Europa *Gynarchy Club).*

La Simbologia :

Come verrà detto più avanti, i miti delle Amazzoni sono una risorgenza delle società matriarcali primitive. Secondo Paul Diel, elle saranno il simbolo delle femmine assassine dell'uomo : esse volevano sostituirsi all'uomo, competere con lui e combatterlo invece che completarlo.

Questa è una rapida analisi, preferiamo addentrarci seguendo quella spiegazione storica di Jacques Marcireau citata sopra, alla tesi del Dizionario delle letterature, per il quale le Amazzoni simbolizzano la resistenza aperta del matriarcato.

In ogni caso, e secondo la stessa sorgente, ci sono anche delle Amazzoni che si sono legate alla chiesa cattolica, che le ha *segnate* con la benedizione, e non ultimo, la sovranità francese è diventata il loro emblema.

Vedi la carta della distribuzione storica delle amazzoni :

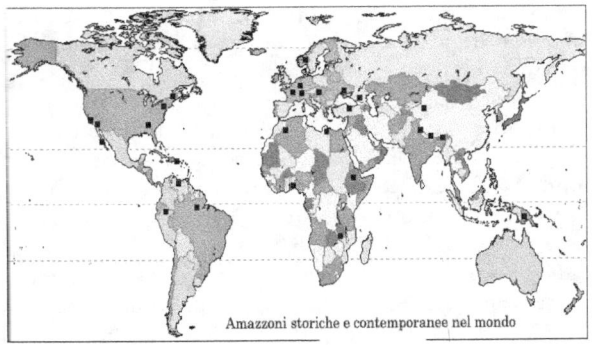

Amazzoni storiche e contemporanee nel mondo

III - *Dalle suffragette alle libertà delle Donne*

Da tempo immemorabile, dopo le Amazzoni fino a Dominique Voynet, ci sono state diverse donne ad affermare i loro bisogni di indipendenza, la loro preminenza socio politica e la loro superiorità intellettuale.

Ma è veramente nel XVII secolo che si afferma questa corrente ginarchica. Questa è l'epoca del regno culturale di Maddalena delle Scudiere, di Maria de Sevigné, di Maria Maddalena di La Favette, tutte infinitamente più colte e intelligenti dei loro fratelli amanti o mariti, e del regno politico di Caterina di Russia e Cristina di Svezia[20] più potenti e avvedute della maggior parte dei regnanti contemporanei.

Nel XVIII secolo, il re Luigi XV donò lui stesso l'esempio di una « Ginarchia alla Francese » scegliendo delle Maestre che domineranno la Francia dominando lui stesso[21]. A turno : Madame Prie, Madame de Mailly, Madame de Chateauneuf, Madame de Pompadour, Madame du Barry governarono Luigi XV, non c'era alcuno dei ministri che non aveva la sua ispiratrice[22].

Alla vigilia della Rivoluzione Carlo Colle scrisse a proposito delle donne, che esse hanno talmente presa sopra i francesi, essi sono talmente soggiogati, che pensano e sentono tramite loro.

Ma è proprio dal XIX secolo che comincia veramente questa « lunga marcia » delle donne che ne dovrà senza dubbio vedere la fina non prima del XXI secolo.

L'appoggio di certi maschi illuminati dalla loro stessa esperienza : il positivista Conte impose la Donna alla adorazione del popolo nel Tempio dell'Umanità. Prosper Enfantin[23] attende l'avvenuta di una Donna Messia, di un mondo migliore e i suoi *Compagni della Donna* si imbarcano per l'Oriente alla ricerca di questa « salvatrice » straniera simile, ancora una volta, alla nostra futura Sovrana Ginarchista.

Eugenio Niboyer pubblicava la *Voce delle Donne*. George Sand promuove l'amore libero. Flora Tristan crede alla redenzione del popolo per mezzo della Donna.

Tutto ciò conduce rapidamente alle lotte per il suffragio universale dell'inizio del XX secolo.

Nel 1903 in Inghilterra, Emmeline Pankhurst creò l'*Unione politica e sociale delle donne* incentrando tutti i movimenti femministi contemporanei e organizza delle marce verso il Parlamento e altri luoghi. Sovente usando provocazioni e violenza, le suffragette capitolarono infine ma dopo lunghe lotte, ad un parziale guadagno della causa.

In seguito verso la metà del secolo, ispirandosi alla lotta di Emmeline, si crearono le *Women's Lib* negli usa e le *MLF* (Movimento per la Liberazione delle Donne) in Francia.

Kate Millet[24] scrisse la sua *Politica del maschio* nel 1970 e Valerie Solanas, lesbica ginarchica visionaria fonda la Società per l'Estinzione dell'Uomo[25] (*SCUM*) negli anni seguenti. La vera ginarchia è finalmente in movimento.

IV - Sopravvivenze Matriarcali nel ventesimo secolo

Altri comportamenti, via via alla moda nel 20 secolo, in particolare nei paesi industrializzati appartengono all'Amazzonismo o al Matriarcato da cui derivano senza alcun dubbio le loro origini. Anche la poliandria ritorna fortemente di moda.

In effetti le Donne usavano soddisfarsi, nei secoli sciovinistici e oscurantisti, con il cornificare i loro mariti e/o farli ammettere la presenza al loro fianco (nella casa o nelle liti coniugali) di loro amanti o sospiranti, scegliendoli via via, talvolta prima di un divorzio rivelatore, di istituire e di fare accettare la poliandria ai loro partner e in generale sottomessi.

I maschi, a dozzine, si piegavano con piacere e riconoscenza a queste esigenze femminili naturali e gratificanti anche per essi stessi[26].

Essi sapevano che non erano i soli ad essere autorizzati a donare del piacere alle loro Padrone (qui nei due sensi del termine) e ne ricavavano nientemeno fierezza e soddisfazione.

Fierezza perché questa era la prova che la loro Maitresse è una Donna desiderabile e soddisfazione perché essi si sentivano meglio a partecipare a lungo al piacere di una Donna superiore che a ricevere brevemente piacere da una donna qualunque.

Il successo dell'eccellente libro di Wanda Webb[27] la quale incita le donne a sfruttare le tendenze masochistiche insite negli uomini, a vantaggio del mondo che si sta movendo verso una irreversibile Ginecocrazia.

Le Donne progressiste che scelgono questo modo di vita si fanno sempre più numerose e si raggruppano talvolta (ad eccezione di quelle che preferendo la solitudine e l'anonimato hanno scelto di vivere la loro poliandria dominante in free lance) nelle associazioni ginarchiste che le aiutano efficacemente a costituirsi un harem di maschi.

Questo è il caso, in Europa del circolo d'Omphale che raggruppa un buon numero di Donne Ginarchiche non venali. L'avvenire prossimo appartiene a queste.

SECONDA PARTE

I - Femminismo, Saffismo e Ginarchia

Noi non possediamo dei testi veramente ginarchici anteriori al medio evo malgrado le certezze che abbiamo a livello di certe civiltà matriarcali (come quella degli Etruschi) e dell'erudizione di certe figlie uterine o spirituali di Amazzoni (da Saffo a Fibula de Boheme, la lista sarebbe lunga).

La trasmissione delle teorie e dei sistemi intellettuali e/o sociali che accordano il primato alla Donna si faceva via orale.

I trovatori della lingua d'Oc, militanti in favore del mondo di vita « cortese », la sottomissione alla Dama, che non era altro che una regola Ginarchista delicatamente ribattezzata « fin amor » non erano a sua volta che i successori putativi delle oratrici romane, femministe da allora, che arringavano le loro consorelle su il Forum delle Donne, e soprattutto , talentuosi burattini sottomessi e itineranti, i commissari di una misteriosa Ginarchia femminile medievale di cui diffusero al meglio la filosofia nei castelli e nei villaggi.

Cornelius Agrippa[28] è stato uno dei rari filosofi ginarchisti del Rinascimento di cui l'opera è sopravvissuta. In effetti, nei tempi illuminati della protostoria matriarcale, non sembrava utile dissertare sull'egemonia femminile, poiché esisteva già. In seguito alla ribellione maschile che dovrà trionfare più avanti nell'era cristiana, le nuove religioni patriarcali, per imporre l'autorità maschile, useranno congiuntamente la forza, la censura e la violenza[29].

Sappiamo della terribile repressione provocata per la rivolta delle Amazzoni di Boemia nel medio evo[30]. A quell'epoca le Donne, non disponevano ne della stampa ne di mezzi di copia, per diffondere le idee ginarchiste e far conoscere loro la sete di emancipazione, ne potevano prendere le armi, come Wlasta, o quando essere erano sufficientemente potenti, mandare degli scrittori « cortesi[31] » per recuperare il potere che il loro stato legittimamente dava, Ma dalla fine del XV secolo, le Donne misuravano rapidamente le capacità dell'invenzione di Gutenberg (la stampa) e tentarono di utilizzarla a loro profitto. E gli uomini stessi, quando desideravano piacere a qualche importante sovrana, dovevano loro offrire detti testi celebranti la loro importanza e potenza.

Inoltre, secondo la volontà di Margherita di Austria[32] il filosofo Cornelius Agrippa scriveva nel 1509, il suo opuscolo ginarchista semplicemente intitolato *Della Superiorità delle Donne*[33].

Per provare irrefutabilmente questa superiorità femminile, Agrippa, nella sua opera sottotitolata « Opuscolo sulla nobiltà ed eccellenza del sesso femminile e della sua superiorità sul maschile », va ad utilizzare degli argomenti e degli esempi estrapolati dalla religione, dalle scienze naturali e dalle scienze umane. Noi faremo qui un rapidissimo riassunto, delle principali argomentazioni che utilizzavano tutte le risorse delle scienze allora conosciute, molto spesso fortemente connotate e determinate religiosamente.

L'Etimologia : di primo acchito, paragona Adamo alla Terra e Eva alla Vita[34]. Adamo è una palla di Terra, allorché Eva è nata dalla vita essa stessa. La teologia più elementare attesta che il creatore è sempre stato preoccupato nel corso della creazione del mondo, di procedere dal più semplice al più complesso[35], dal brutto al bello, dal grezzo al raffinato, dalla stupidità all'intelligenza. Ora, la Donna è stata creata ben dopo l'uomo, dopo solamente che il Creatore si rese conto della imperfezione intrinseca della sua prima creatura umana. Era necessario che creasse la Donna perché Dio giudicasse la sua opera creatrice terminata.

La Donna è dunque l'ultima delle creature, il termine e lo scopo della sua creazione, il perfetto coronamento dell'insieme del lavoro del grande architetto; Lei è la perfezione dell'Universo [36].

La Geografia designa ancora la Donna come privilegiata dalla sua creazione. Se i campi erano sufficienti per l'uomo, Dio preferì creare la Donna all'interno del Paradiso terrestre.

La Storia biblica attesta ancora che la maggior parte dei Re e dei Profeti mettevano volontariamente una o più Donne al di sopra degli altri e di loro stessi[37]. E siamo ancora affascinati dai personaggi di Giuditta (che decapitò Oloferne dopo averlo sedotto) da Athalie (che prese da sola il potere), da Salomé (che usò il suo fascino per ottenere la testa del Battista) e da tante meravigliose Donne che la Bibbia stessa incensa[38].

Le Scienze naturali vengono anche ad apportare le loro prove a dimostrazione che il corpo femminile è infinitamente più completo e complesso di quello dell'uomo. Ella porta avanti da sola il feto e genera da solo il fanciullo. Il suo apparato genitale e sessuale è infinitamente più completo di quello dell'uomo[39]. Infine la Donna è più resistente al dolore e vive più a lungo del maschio della specie.

La Psicologia e la magia attestano ugualmente della superiorità femminile[40]. La virtù e il pudore sono propri delle Donne e sono le stesse Donne le migliori profetesse e sibille.

La Filosofia è non solamente una scienza dove le femmine eccellono ma dove sono privilegiate nei casi di un impossibile carenza del potere di dominare, il filosofo stesso con il loro naturale ed intrinseco potere di seduzione, come testimonia il mito della Donna che sovrasta il filosofo asservito.

Infine, dopo una diatriba in un incontro di falsi filosofi maschi inibiti dalla morale patriarcale Cornelius Agrippa conclude, per finire e riassumere il più brevemente possibile :

« Affermo che è giunto per noi il tempo di riconoscere e di proclamare la superiorità del sesso femminile, io l'affermo superiori in riguardo alla Etimologia, all'ordine naturale delle cose, alla geografia, al costatare che ci invita a stabilire l'esame della materia e delle sue leggi; io l'affermo superiore in ragione degli esempi esposti da me sulla religione, sulle scienze naturali e scienze umane. Tutte queste prove, come l'appoggio della ragione e la testimonianza di molti autori, mi hanno condotto a discernere che Dio , in tutti i suoi domini, offre alle Donne più dignità e più qualità che agli uomini. »

Altri filosofi hanno ugualmente apportato le loro pietre, sovente modeste, talvolta geniali alla elaborazione concettuale ginarchista.

Guillame Postel, nella stessa epoca, annuncia la venuta di una nuova Eva, onnipotente che rigenerò il genere umano. Questa novella Eva non sarà nei fatti la nostra prima Presidente ginarchista ?

Margherita de Valois, nel suo *Dotti e sottili* afferma alto e forte, all'incontro di tutti i dogmi ufficiali del tempo, che c'è qualcosa di divino nella Donna.

Margherita di Navarra (1492-1459) vide essenzialmente l'onore la felicità delle donne, attraverso la castità e la sottomissione dell'amante alla sua Donna. Non sono i punti e le regole che dovrebbero seguire il maschio correttamente integrato nel sistema ginarchico ?

II - Le lesbiche in battaglia

Non solo le lesbiche si sentono immediatamente coinvolte nella lotta femminista e nel suo ineluttabile esito, La ginarchia, ma esse giocano sempre più una parte attiva. C'era Valerie Solanas una delle Amazzoni della modernità, di cui abbiamo già parlato e sulla quale ritorneremo, le Gouines Rouges a Parigi, negli anni seguenti .

Oggi la maggior parte delle Donne Ginarchiche hanno tendenze saffiche, per contro la maggior parte delle Lesbiche militano in favore del potere assoluto delle Donne.

Innegabilmente, l'avvenire del mondo dipende anche dalle Lesbiche.

LA GINARCHIA

Saffismo Ginarchia e Lesbocrazia.

Intenso e fantastico è il piacere saffico. Non solamente il maschio non può, per sua naturale essenza, conoscere, provare ad avvicinarsi, egli non sarà in grado neanche lontanamente di immaginarne le sensazioni e il piacere che le donne percepiscono.

Di fatti egli non può che essere affascinato dalle lesbiche, mettersi ad ammirare gelosamente, la maggior parte del tempo sulle pagine congelate delle riviste maschili e passare la sua vita a cercare di essere ammesso, per una ragione o per l'altra, in seno ad una coppia di Donne.

La Donna, quanto ad essa, venuta al saffismo per gusto naturale, per disgusto del maschio o per semplice curiosità, non sente la necessità di informare l'uomo del prodigioso e infinito piacere che ella prova con una o più Donne, ne in alcun modo si preoccupa di farlo partecipare.

Poiché la maggior parte delle Lesbiche rigettano totalmente il maschio nella loro vita intima e/o di coppia che esse formano.

Tuttavia, esse rinunciano anche al vantaggio del fascino che possono esercitare sull'uomo. Molte tribù, giovani o più sperimentate, hanno tuttavia compreso ciò e sono diventate delle dominatrici di maschi[41], delle Padrone felici e soddisfatte di una vita dove esse godono sia dei trascendenti piaceri degli amori lesbici che delle dolci gioie della dominazione femminile[42].

Inoltre, poco a poco, come noi già sappiamo, gli uomini accettano e ricercano il giogo delle Donne e la Ginarchia si installa. Nello stesso tempo, e sempre di più, le Donne si convertono al saffismo o, sempre meno considerano il maschio come loro unico partner sessuale. A lungo termine, ci sono dunque sempre più lesbiche che vanno ad imparare il potere e governano il mondo.

Si deve considerare questo futuro e una probabile lesbocrazia come una minaccia per la Ginarchia eterosessuale che difendiamo come un ideale comunitario sostenibile, o come l'ineluttabile finalità del processo evolutivo della società umana ?

L'umanità fu inizialmente matriarcale. Poi i maschi pressati dai loro naturali vizi che le Donne, avevano mal identificato o non riconosciuto, contestarono la loro superiorità, vollero e ottennero il potere[43], senza dubbio con la forza e grazie anche al fatto di essere in sovrannumero (la poliandria naturale della specie umana favoriva questa sproporzione).

Fu questa presa di potere brutale che determinò la nascita delle nazioni Amazzoni, che all'origine non erano che delle Donne rivoltatesi contro l'oppressione maschile. L'uomo non poteva giammai vedere la fine di queste resistenze. Quando gli pareva di aver vinto una tribù di Amazzoni, un 'altra si ricreava. Quando una nazione di Donne era decimata, restava sempre qualche superstite per andare a portare il loro messaggio matriarcale di speranza ad altre Donne.

L'uomo tentò con tutti i mezzi di combattere[44] queste volontà femminili di ritornare ai diritti naturali. Egli ha quasi raggiunto quel punto.

Ma è precisamente quando la sua vittoria sembrava totalmente acquisita, all'inizio del XX secolo che la « guerra dei sessi » riprende e che il potere maschile vacillerà per presto crollare inesorabilmente.

Iniziò con le suffragette, all'inizio del secolo, poi con il femminismo degli anni seguenti e i movimenti estremisti che lo stesso generò (Le *Guerrilas girls*, le *Witches*[45], lo *SCUM*[46]), quasi tutti sono animati da lesbiche integraliste[47]. Poi, a poco a poco, le dominatrici, le ginarchiste e certe donne, indipendenti da tutte le ideologie, mirarono a sorpassare l'uomo, dominarlo o rimpiazzandolo vantaggiosamente.

L'uomo si mette dunque a tremare ed avere paura per il suo potere. Le sue reazioni davanti a questo movimento con i passi di una irresistibile onda di marea, sono differenti a seconda delle culture e dei caratteri. Alcuni si difendono, come già detto, come hanno fatto le Amazzoni, tentando con tutti i mezzi di salvaguardare le loro arcaiche prerogative (è il caso degli integralisti religiosi di ogni confessione), dei supposti dominatori che ci si trova a frequentare, senza grande successo, gli schemi del « Minitel » rosa, degli omosessuali che preferiscono restare dentro gli uomini per darsi l'impressione di non essere dominati dalla Donne.

Molti non possono interiorizzare questo sconvolgimento di strutture e abdicando totalmente, si danno all'alcool, alla droga o al suicidio.

Altri, felicemente, accettano la loro sconfitta e diventano

masochisti (abbandonandosi temporaneamente nelle mani di una dominatrice, sovente professionale, per ricevere umiliazioni morali e torture fisiche che sanno naturali e indispensabili alla loro condizione di maschi) oppure ragionevolmente si donano corpo ed anima a delle Donne dominanti o si lasciano volontariamente asservire da una di esse.

Questi uomini ragionevoli di cui il numero si moltiplica senza sorta, divengono o cercano di venire, perché i posti sono costosi, gli schiavi di una Donna qualunque essa sia o di una coppia di lesbiche.

Noi siamo qua, nella storia della Ginarchia, ma è necessario constatare che nulla è terminato.

Siamo d'accordo che la vittoria della Donna, benché ineluttabile, non è ancora totalmente acquisita. In seguito, perché questa nuova libertà delle Donna (benché più antica storicamente di quella degli uomini) porta in esse i germi del totalitarismo. Quando l'uomo sarà finalmente sottomesso e l'indipendenza egemonica della Donna diverrà reale, nulla impedirà di comprendere la portata del loro potere e delle possibilità assolutistiche che si offriranno loro.

Sul piano socio-culturale, perché accordare qualche libertà a colui che è incapace di usarla senza abusarne ? La tentazione , allora, è grande di non lasciare riprendere ai maschi il benché minimo potere. Ma come arrivare a questo punto radicalmente ?

Le Donne non avrebbero che una alternativa : l'eliminazione pura e semplice dei maschi o almeno adattare la loro formazione fisica e psicologica, eufemismo per formulare nei fatti la creazione di una razza irreversibile di schiavi condizionati per servire le Donne e non rimettere mai più in discussione il loro modo di esistere. In seguito, sul piano psicologico, si può sufficientemente credere che una volta ridotto l'uomo in schiavitù e contento della sua sorte, la Donna si accontenterà di utilizzarlo unicamente come domestico e produttore di derrate da consumazione. La tentazione dell'abuso di diverrà fatale e molte Donne Dominanti oggi hanno già ceduto. Rapidamente ciascuna avrà bisogno di uno schiavo domestico e uno schiavo finanziario, nonché di uno schiavo sessuale e uno che soffra il dolore ecc. Presto la Donna proverà il desiderio di tutto ciò.

Questa è una delle principali virtù della Donna, creare la possibilità. Così ogni Femmina diventerà una piccola sovrana domestica, una compagna sessuale unica o poliandrica, alla testa di una piccola carovana di schiavi maschi. Allorquando la sua vita è trasformata sul piano del conforto e del benessere, la sua creatività, la sua intelligenza e la sua energia rischiano fortemente di essere più o meno ridotti.

Infine, sul piano sessuale, come avete visto precedentemente, le Donne, poiché ne avrebbero diritto, godrebbero di tutti i piaceri e presto o tardi di quelli del lesbianismo.

Tutte diventerebbero allora inevitabilmente adepte del Saffismo e esperte nelle sue arti così femminili e gratificanti. Dopo aver penato qualche mese per fare pratica saffica, potranno ancora comparare l'ordinarissima sensazione provata copulando con uno schiavo degenerato, con la gioia vibrante e magica, interminabile e incancellabile, voluttuosamente sentita tra le braccia di una « sorella » dall'apparenze raffinate, membro dello stessa casta dominante coltivata dalla Società ginarchica, capace di assaporare essa stessa quei piaceri, che possiede lo stesso corpo femminile, gli stessi desideri e ricerca le stesse estasi.

A questa evidenza, le Donne diventeranno prevalentemente , se non per la totalità delle Tribali, non troveranno che tra loro i piaceri dei sentimenti e del esso, del cuore e del corpo.

Per le lesbiche dominanti, l'uomo schiavo perderà dunque rapidamente e irrimediabilmente tutto l'interesse sessuale e sentimentale (dopo aver perso tutta la dignità).

La lesbocrazia regnante, considerando la totale nullità sessuale, psicologica e socio culturale del maschio, ne autorizzerà la loro esistenza e circolazione sorvegliata da colui che in funzione dei servizi che renderà effettivamente alla comunità lesbica (lavoro produttivo, servizi domestici, utilità generiche, oggetto di distrazione ecc.). Certo, temo che ci saranno degli abusi estremisti (ci sono già dei partigiani convinti del genocidio maschile), ma Lesbocratiche o Ginarchiche, i sovrani del mondo saranno prima di tutto Donne e sapranno dunque razionalmente decidere ed efficacemente accordare uno statuto ai loro maschi inferiori.

Per la stessa ragione dei rivoluzionari menscevichi si sono lasciati trascinare dagli estremisti bolscevichi, le dominatrici ginarchiche saranno soppiantate, ma senza violenza, dalle estremiste lesbocratiche. Ciò implicherà senza alcun dubbio, una rapida assimilazione legale e di fatto, dei maschi umani con gli altri animali della creazione e la loro utilizzazione conformemente alle loro rudimentali possibilità, dalle Lesbiche che li avranno accettati nei loro greggi.

Poco a poco, presso i maschi, il desiderio viscerale di riproduzione ed il piacere sessuale, si confonderà con i doni periodici di sperma ai laboratori di fecondazione, con minzioni periodiche di seme autorizzate senza dubbio da Maitresses Lesbiche giudiziose.

Gli schiavi, privati di rapporti con le Donne, dimenticheranno ben presto, che si può esistere oltre al piacere sessuale a cui possono accedere solo le Lesbiche. Essi comprenderanno che possono provare del piacere attraverso la sola soddisfazione delle loro Padrone. Il mondo lesbocratico sembrerà loro la via ideale, come prova del fascino che tutti i maschi subiscono verso l'amore lesbico.

Vedi la tabella di evoluzione della società ginarchica :

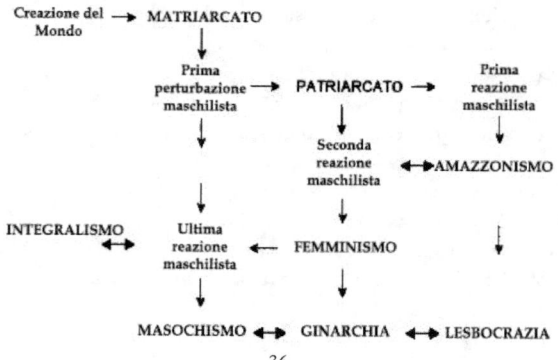

LA GINARCHIA

III - L'Omosessualofilia o l'attrazione per l'omosessualità inversa, primo elemento subcosciente del pensiero ginarchico.

La riflessione che segue ci è venuta precisamente in seguito a questa constatazione, che ciascuno può fare senza difficoltà particolari, l'attrazione sempre più evidente della gioventù per gli omosessuali di sesso opposto.

I nigthclub di omosessuali sono pieni di giovani figlie e giovani donne, talvolta esse stesse lesbiche, ma più spesso eterosessuali, che si vantano di essere tanto le confidenti, tanto le amiche di questi deviati. Talvolta elle si giustificano semplicemente nel confidarsi di « sentirsi bene » con questi maschi effeminati.

Parallelamente, i club di Lesbiche sono letteralmente invasi da molti curiosi di sesso maschile, che si presentano come « voyeurs » o più onestamente come masochisti. Certi clubs di Donne devono letteralmente fare barriera a questi perturbatori per poter soddisfare la loro vera clientela.

Ma le motivazioni profonde di queste Figlie amanti di essere circondate da false donne e di uomini che tentano maldestramente di evolversi verso l'ideale femminino, non sono all'evidenza assolutamente le stesse che quelle di questi uomini o ossequiosi o affascinati da questa pienezza fisica e morale esteriorizzata dalle addette, le stesse puntualizzate dalla divina Saffo.

Tesi 1

La Donna è attirata dai pederasti effeminati a causa della

loro evidente volontà di assomigliarle.

Essere pederasti, significa prima di tutto voler essere una Donna o quanto meno volerle assomigliare o imitarla. La stessa omosessualità attiva dei maschi è un desiderio di appropriazione dell'oggetto sessuale femminile, l'uomo ha una volontà invidiosa di sostituirsi alla Donna. Passivo o attivo, il maschio omosessuale assume o reprime il suo dispiacere di non essere una Donna e, in tutti i casi, fa tutto ciò che è in suo potere per essere « ammesso » esistenzialmente e transcendentalmente da Lei.

Il risultato è che, molto naturalmente , le Donne in mezzo a loro, si sentono, se non amate, rispettate e se non desiderate, sicuramente invidiate.

L'omosessualità di un uomo prova incoscientemente alla Donna la sua superiorità psico sessuale : messa in presenza di questi maschi che assumono la loro inferiorità per questa deviazione contro natura, Ella gode più sovente molto vivamente e non senza un certo sadismo di questa misto di invidia e ammirazione.

Tesi 2

L'uomo è attirato irresistibilmente dalle Lesbiche a causa della incancellabile prova che Esse li danno della sua inferiorità intrinseca. Non si tratta solamente per il maschio di soddisfare il suo desiderio profondo di assistere a degli estetici e immaginari giochi erotico saffici ma di offrirsi volontario per una reale e violenta umiliazione psico sessuale. Fortemente tentato dal masochismo latente, il suo desiderio apparentemente

« maschile » di contemplare due Donne che se la
« godono », come più gli piace, si accompagna quasi
sempre a dei fantasmi molto più trasparenti, come
l'immobilizzazione con corde o catene, umiliazioni
verbali, punizioni più o meno gravi ecc. di cui
sicuramente lui stesso è l'oggetto di Lesbiche superiori e
onnipotenti.

Da qui prende coscienza dei suoi desideri viscerali di
essere totalmente asservito da queste Donne, non c'è che
un passo che il maschio d'altronde supera spesso molto
rapidamente.

Tesi 3 :

Come Freud ha mostrato, le Donne e i maschi umani
hanno tutti quanti, la ragione più o meno sviluppata, una
attrazione per il proprio sesso e un fascino conseguente
per gli omosessuali di sesso opposto.

Alcuni lo hanno già riconosciuto, altri lo hanno rifiutato,
qualcuno infine l'ha vissuto.

Per le donne, in generale, la conseguenza primaria è un
disgusto più o meno progressivo per i maschi in generale
e optano via via per l'omosessualità femminile,. sia per
relazioni di dominazione ginarchica sia per un
compromesso.

Quanto agli uomini, nella maggior parte dei casi essi
conoscono questa seduzione che provano.

I giornali detti "maschili" sono pieni di scene saffiche
più o meno erotiche (mai pornografiche quando non ci
sono che delle Donne in gioco) Alcuni maschi sanno le
ragioni di questo sortilegio di cui sono vittime e si
tappano gli occhi. Altri lo ignorano ma si sentono

inesorabilmente attratti da tutte le manifestazioni del saffismo e poco a poco di quelle del masochismo maschile.

Fortunatamente, molti maschi sanno trarre le vere conclusioni di questo stato affettivo latente. Essi vanno verso le Donne, le vere, che siano lesbiche, dominatrici o entrambe le cose, si offrono loro, come marito sottomesso, domestico mascherato, o schiavo dichiarato.

Conclusione :

Il sentimento ginarchico è costituito dal pensiero umano, sia presso la Donna che presso l'essere umano di sesso maschile.

Questa è una evidenza per tutto l'essere umano, maschio compreso, che ha così tanto poco analizzato le sue tendenze omosessuali, se vogliamo ben paragonare questo neologismo barbarico di cui abbiamo fatto nostro il titolo, che il sentimento ginarchico primitivo incosciente, poco a poco divinizzato e incorporato, è il vero motore di questi comportamenti incomprensibili.

Non c'è bisogno di avere dunque nessuna vergogna di questa attrazione che ciascuno prova per gli omosessuali del sesso opposto, ma bensì al contrario, riconoscerlo, giustificarlo e consolidarlo in questo risultato necessario e fondamentale che è la conversione rapida e sincera al modo di vita ginarchico e la messa in pratica, nel quotidiano, della supremazia femminile.

IV - *Le correnti moderne del pensiero femminista*

Nell'ultimo terzo de XX secolo, ad eccezione dei paesi ancora dominati dall'Islam, la riflessione e l'azione ginarchica hanno poco a poco rimpiazzato i movimenti femministi tradizionali.

Nella attuale filosofia ginarchica moderna si distingue essenzialmente tre correnti, di pensiero che per quanto attiene la chiarificazione intellettuale, noi abbiamo arbitrariamente qualificato in mistico spirituale, socio-politica e edo-pragmatica. Evidentemente queste tre scuole si compenetrano e non c'è alcun male a sostenersi l'una con l'altra. Tuttavia, è necessario costatare che le intellettuali e le Dominanti pensino l'origine di questa « proteiforme » riflessione contemporanea , si consacrano in generale a uno solo degli aspetti del sistema che noi precogniziamo, e questo, sfortunatamente, a danno di una concezione globale della Ginarchia, la quale concilia filosoficamente la conoscenza e l'azione della stessa, d'altra parte , la Teorizzazione del miglioramento sociale, della spiritualità e della sessualità delle Donne.

A - *La Ginarchia mistico-spirituale*

Molteplici « chiese » raggruppano quanti e quelli che credono che la spiritualità è un passaggio obbligato in vista di un ritorno al Matriarcato o al contrario il suo risultato . tuttavia i ginarchisti hanno in comune la convinzione di una sovradeterminazione spirituale della Donna, in opposizione con la materialità (vedi animalità) del suo congenere inferiore, e del carattere anche ben educativo che dell'esercizio quotidiano di un rituale ginarchico. Di queste, negli Stati uniti, si trovano i più il più gran numero di chiese ginarchiche :

- La *Chiesa SM* a San Francisco è la principale organizzazione ginarchista californiana, in un modo particolare, ella combina l'interesse per la dominazione erotica femminile con le sue idee di adorazione della Donna, allo sviluppo spirituale e ai rituali. I servizi religiosi che assomigliano ai riti cristiani ma sono consacrati all'adorazione della Madonna. Questi fedeli devono inginocchiarsi e sono percossi sulle spalle la testa con una frusta come simbolo di purificazione.

- I membri della *Femina-Society*, molto attivi in tutti i campi si definiscono Matriarco-femministi per natura e desiderano la vera Dominazione/sottomissione come una quadrupla via : fisica emotiva intellettuale e spirituale. Elle credono che questi quattro elementi sono necessari alla pratica autentica dell'Autorità Femminina.

Negli obiettivi spirituali, la *Femmina Society* ha istituito dei rituali di rinuncia, di espiazione e di sottomissione organizzata secondo i cicli naturali della Terra.

Il terzo punto della sua dottrina fondamentale è molto esplicito : « Riconoscenza della vera Autorità Femminina e successivo cammino della Dea incarnata nella Femminilità dichiarata. »

In Francia ugualmente si assiste ai balbuziettamenti di qualche gruppo ginarchico ad orientamento spirituale. La *Chiesa di Gesù flagellato* ha per oggetto l'educazione e la dominazione degli uomini, nostri inferiori, devono soffrire per attendere le « perfezioni divine ». Questa è una chiesa cristiana, basata sulla dominazione delle Donne, « creature divine privilegiate da Dio ». Dopo un impegno all'obbedienza alle sacerdotesse incaricate di dirigere, il fedele deve subire un seminario di iniziazione che lo consacrerà discepolo di Maitresse Monica Grande Sacerdotessa del culto.

- *L'Ordine Ginarchico dell'Est* si dà come obiettivo di "risvegliare in uno scopo spirituale la coscienza dell'aspetto femminino della Divinità attraverso dei processi di devozione maschile e rituali erotici appropriati. La sua dottrina è la disciplina della redenzione espiatoria all'aspetto femminino della Divinità. Tutte le Donne vi sono le benvenute, che abbiano sperimentato, sul cammino della supremazia femminina o delle semplici simpatizzanti. Nel tempio dell'O.G.E. le Maitresses e assitenti fanno il tirocinio dei rituali e si servono della disponibilità dei loro devoti. Molteplici programmi verso "la redenzione alla Superiorità femminina per l'accrescimento della capacità di tolleranza del devoto sono proposti ai fedeli in un ordine progressivo.

B - La Ginarchia socio politica

Per la maggior parte si ispirano a Valerie Solanas e al suo SCUM, gli intellettuali che si iscrivono nel movimento socio politico ginarchico non sono che raramente implicati nella scena pubblica. Si conoscono quelle che hanno fatto conoscere le loro idee tramite una prodezza, un romanzo di finzione sulla superiorità femminina o della biografia di una delle innumerevoli Donne che hanno poco o tanto operato per la Ginarchia come Cristina de Suéde o Wlasta di Boemia. Le altre operano nell'anonimato, dirigendo nell'ombra uno o più uomini, tuttavia molte prossime al potere, che hanno asservito e convertito alla Superiorità femminina.

Maria France Le Fel, nel suo *Piccolo Dizionario storico e pratico di dominazione e di sadismo delle Donne*[61], stende una lista esaustiva di queste Donne, storiche o romanzate, sulle quali le generazioni precedenti e future dovranno prendere esempio per costruire il mondo migliore che la Ginarchia farà nascere.

Marika Moreski[62], che altro non è che lo pseudonimo della precedente, è l'autore di romanzi di finzione che mettono in scena delle Donne che vivono realmente e quotidianamente la Ginarchia. Questi romanzi provano indubitabilmente che le Ginarche detengono la verità e la chiave della felicità.

Numerosi autori, come Normann Spinrad, Robert Bloch, Robert Merle, Daniel Yves Chuabert ecc. sotto il pretesto di « fantascienza » (ingannando un po' le persone) hanno messo per scritto diverse descrizioni della società ginarchica ideale.

Gini Graham Scott, americana, con già due opere che sono consacrate[63], contribuisce a far conoscere le pratiche di Dominazione Femminina e a dissacrare il sadomasochismo che molto sicuramente, diletta un gran numero di maschi, che esitano e tremano, per fare il grande passo iniziatico e si rimettono corpo e anima nelle mani di una Donna superiore, di una Maitresse o di una Associazione ginarchica.

Infine ricordiamo che la Femmina Society non nega l'aspetto politico della filosofia ginarchica come lo provano i punti da 5 a 8 del suo programma :

5) *promozione internazionale della comprensione della autentica Autorità femmina in tanto che si oppone alla prostituzione SM e alla realizzazione dei fantasmi (maschili) I nostri programmi e pubblicazioni riflettono questo scopo.*

6) *Riconoscenza del fatto che le correnti socio economiche della nostra società sono finanziariamente posseduti dai maschi che escludono le Donne dal governare le nostre vite in modo oppressivo. La Femmine-Society riconosce il bisogno delle Donne di essere sostenute dai maschi fino a che il sesso femminile non possiederà gli strumenti e il sostegno sociale per creare il loro proprio statuto economico. Questo sostegno maschile non deve in alcun caso dettare la conduzione Femminina.*

7) *Istituzione di programmi, su piccola o grande scala, offrendo un servizio sociale e/o offrendo dei benefici alle Donne socialmente in difficoltà in uno sforzo di aiuto all'elevazione dello statuto delle Donne.*

8) *Considerando secoli del patriarcato non possono essere sorpassati senza, la riconoscenza della necessità e del bisogno di lavorare di istituire dei cambiamenti. Noi consideriamo che il patriarcato debba essere :*

a) neutralizzato attraverso l'Autorità Femmina

b) mostrato come la forza distruttrice che è;

c) disarmato di tanti strumenti di oppressione e distruzione.

C - La Ginarchia edo-pragmatica

Sotto questo esplicito neologismo noi abbiamo voluto comprendere tutte quelle militanti in favore di una soddisfazione immediata delle legittime esigenze femminili e che, per il loro esempio o per i loro scritti, tentano di convincere qualche femmina ancora sotto la dominazione psicologica di uno o più maschi, vedi una delle criminali religioni patriarcali, tra l'altro in via di estinzione [64].

Questa lotta non va trascurata, bensì al contrario. E' spesso grazie ad un egoistico edonismo che le donne si avvicinano al pensiero ginarchico prima di approfondirlo. Ed è ancora più frequente nel caso di una giovane donna, ricercando solo il suo piacere con il maschio, (sminuito ma stranamente soddisfatto, umiliato dall'essere utilizzato come oggetto, oppure servitore di quella che egli desidera), costata il gusto che egli ha per la sottomissione e l'eccellenza dei rapporti Maitresse/schiavo che predica la Ginarchia.

Wanda Ebb una ricca americana libera e disillusa, venuta a proporre, il principio del diritto delle Donne ad educare e utilizzare gli uomini sottomessi o suscettibili di divenirlo (è dire tutto) al loro profitto.

Il suo opuscolo, *Sul Buon Uso dei masochisti* [65] difende proprio questa Teoria [66] che darà in seguito dei risultati [67]. Dalla sua apparizione, l'opera di Wanda Webb ebbe un successo considerevole. Molte donne audaci lo considerano come un Manifesto, ci dice il suo editore, e creano un buon numero di schiavi attraverso tutti gli USA e altrove.

Sofia Dompierre, più pragmaticamente ma con logica ed esperienza, ha realizzato una opera fondamentale e immensa per tutte quelle che suggeriscono di instaurare una ginarchia familiare vera nei loro focolari domestici [68]. Ella propone una efficace metodo di dominazione dei maschi. Sarebbe fastidioso ed inutile, perché largamente diffuso, riassumerlo qui. Precisiamo solamente che Sofia Dompierre riserva un capitolo intero sulla strategia da adottare a proposito dei maschi non volontari e, dopo tre altri capitoli fortemente documentati su diversi trattamenti, suppliche e immobilizzazioni necessarie all'educazione, un ultimo capitolo pieno di idee e di buoni consigli « sull'uso quotidiano di uno schiavo ».

Astride è una militante ginarchica la cui riflessione si orienta verso le differenti tecniche di asservimento del maschio senza dimenticare la loro filosofia e la loro giustificazione psicologica. Anche Astride dona più ricette promettenti, grazie al corpo femminile stesso, per sottomettere il maschio, si legga tra le altre con interesse, le tre opere seguenti[69]: *Potere della sottana, l'Arte dell'escrezione, l'Arte del soffocamento* [70].

Questa divisione arbitraria delle diverse tendenze ginarchiche contemporanee in tre classi (mistico spirituale, socio politica e edo-pragmatica) ha evidentemente uno scopo puramente classificatorio e pedagogico. Globalmente tutte le scuole hanno una filosofia e delle pratiche in comune, ma è stato necessario, per meglio comprendere ciascuna sensibilità, di procedere a questo rapido tour di orizzonte del pensiero ginarchico contemporaneo, prima di addentrarci nello studio, certamente più pragmatico, di metodi e di programmi proposti da quelle che vogliono, a corto o lungo termine, restaurare il Matriarcato.

TERZA PARTE

Metodi di dominazione femminile
e accesso al potere

La superiorità femminile, universalmente riconosciuta, ha condotto l'umanità a ripensare totalmente lo schema organizzativo della nostra società.

Anche tutti gli psicologi, sociologi e intellettuali non recuperati al fallocratismo, riconoscono unanimemente l'assoluta necessità di confidare totalmente nella Donna, sia nel potere familiare che nel potere politico.

La Donna, psicologicamente, fisicamente, geneticamente e intellettualmente superiore all'uomo, si deve oggi riorganizzare il mondo in base alle sue esigenze primarie.

L'ora non permette di procrastinare ulteriormente e il maschio deve abbandonare i suoi ultimi bastioni di influenza sulla Donna. Tutto ciò, sicuramente deve cominciare con un rinnovamento sia dello spirito femminino che necessariamente, della mentalità maschile.

I - Educazione e pedagogia

Epistemologia :

Uno dei campi, conquistato più rapidamente dalla Donna, fu naturalmente quello dell'Educazione. Tuttavia, è necessario costatare che l'uguaglianza raccomandata alla scuola, se è giustificata dal punto di vista sociale e etnico, non lo è più di tanto, quando impone la stessa scolarizzazione alle Ragazze e ai ragazzi.

E' totalmente assurdo piazzare Ragazze e ragazzi nelle

stesse condizione, nelle stesse classi e alla stessa età !
Poiché ciò che una ragazza comprende in qualche giorno,
un ragazzo ha bisogno di un trimestre per assimilarlo.

Nel momento in cui la Ragazza scopre il mondo, il
ragazzo apprende a giocare a bocce.

Quando l'adolescente integra i problemi della sessualità,
il ragazzo si interroga ancora sulle ragioni della sua
creazione. E quando la Giovane Donna è pronta a
entrare nella vita sociale e attiva il ragazzo, sempre in
ritardo di una messa, è ancora intento a masturbarsi, la
guarda e trascura il suo lavoro.

E' per questo che è vitale per una buona salute sociale
e per le nostre Istituzioni femminili future di non
bloccare l'armonioso sviluppo psicologico e intellettuale
delle giovani figlie, incorporandole in classi dove il
cretinismo maschile livellerà alle basi le loro capacità
indubbiamente superiori.

Questo per dire che bisogna evitare le classi miste.

Certo, una classe composta solo da Ragazze sarà sempre
infinitamente più produttiva e intellettualmente più
efficace di tutte le classi miste che sono contenute oggi
nelle nostre scuole, nei nostri collegi, tuttavia, i ricercatori
hanno pensato che l'energia maschile imbrigliata,
attualmente perturbatrice e nefasta per gli studi delle
Ragazze, potrebbe essere canalizzata positivamente come
un appoggio alla scolarità femminile, subordinandola ad
essa gerarchicamente.

Inoltre, i ragazzi a tutte l'età, potrebbero trascendere le
loro attività scolastiche in lavori con lo scopo principale
di far sbocciare intellettualmente e sviluppare
culturalmente le ragazze della loro classe.

Per queste ragioni, essi collaborerebbero alla riuscita di qualcuna di queste di cui l'innegabile superiorità intellettuale fa dei maschi i loro subalterni naturali.

Con questo espediente, si avvicineranno, senza dubbio, un po' di più all'intelligenza femminile, senza, ovviamente poterla mai raggiungere.

L'avvento di una Ginarchia vera e definitiva passa evidentemente per l'instaurazione di un insegnamento specifico e dunque la fondazione di una scuola

FICHE D'INSCRIPTION

```
S T U D E N T E              o APPRENDISTA (1)

COGNOME:                        COGNOME:
                                NOME:
NOME:                           ETA'

Data di nascita             DISPOSIZIONI (1):
Luogo di nascita:
                                -casa
Indirizzo dei genitori          -stoviglie
                                -lavanderia
                                -servizio
Indirizzo personale:            -segreteria
                                -giardinaggio
                                -bricolage
GUSTI:
Letterari:                      - Altro (2)

Artistici

Culinari:

Altri interessi                 (1) Togliere le
                                voci inutili
                                (2) Precisare
```

QUADRO RISERVATO ALL'I.M.E.G. NOTE:.	TRIM 1	TRIM 2	TRIM 3
GRADO SCOLASTICO			
- FIGLIE			
- GIOVANI FIGLIE			
- ADOLESCENTI			
- GIOVANI DONNE			

COGNOME E NOME DELLA STUDENTE TITOLARE (o dell'aiutante):

AUTORIZZAZIONE DEI GENITORI:Il sottoscritto ....
domiciliato a: ---

- autorizzo mia figlia .... a sposare e/o impiegare
l'aiutante accettato dall'IMEG che ella avrà scelto.

- delego l'I.M.E.G. e/o alla Studente-Titolare scelto da Lei
tutti i poteri genitoriali su mio figlio:

FIRME

ginocratica [71].

La costituzione di una istituzione scolastica conforme al nostro ideale si è dunque rivelata a poco a poco assolutamente necessaria. Si sarebbe potuto intravedere una stretta separazione (per discipline e geografica degli insegnamenti) propria a ciascun sesso .

Ma questo metodo ha bisogno di essere dominato dalla Donna di più giovane età (dove in certi casi hanno creato il verbo « ammammare ») e le ragazze hanno molto il bisogno di apprendere e di utilizzare il loro potere, compreso nell'ambito scolastico.

E' per questo che abbiamo scelto questa promiscuità nelle nostre istituzioni.

Questo può apparire una promessa fatta per risolvere il problema sollevato per questa scelta; sempre che il numero di genitori delle ragazze, che sono dell'avviso di volere che le loro ragazze apprendano a dominare famigliarmente, a dirigere socialmente e a governare, e dei ragazzi che devono apprendere la sottomissione e i lavori soprattutto manuali ai quali noi li educhiamo, siano abbastanza numerosi.

Se l'analisi non è errata, per un ragazzo è meglio apprendere dei mestieri meno nobili e saper senza problema sottomettersi a una volontà femminile superiore che passare la vita disoccupato con una femmina sottomessa, banale e mediocre come purtroppo restano ancora molte.

Gli uomini coscienti della loro inferiorità naturale e delle loro incapacità oggi cercano con perseveranza una maestra sapendo bene quale felicità proverebbero se avessero avuto l'occasione di entrare in uno degli *Istituti Misti di Educazione Ginocratica* (*IMEG* li sarebbe loro offerta. Soprattutto nelle famiglie umili, gli stessi genitori preferiscono la sicurezza offerta dalla nostra Istituzione aldilà degli insegnamenti tradizionali di stato, tenuto conto che le tariffe della scolarità come dell'Internato, sono ben inferiori per i ragazzi [72].

Per marcare la differenza di funzioni scolastiche all'interno della classe ginocratica [73], bisognerebbe denominare differentemente le giovani ragazze, oggetto della volontà educativa generale e i ragazzi semplici strumenti per facilitare le fanciulle nell'acquisizione del sapere.

Perciò, questa bivalenza allievo/ausiliario obbliga ad una doppia denominazione : si impiegherà la parola aiutante per le sue funzioni di assistente scolastico personale della giovane ragazza e quella di apprendista per la parte scolastica e tutto sommato, istruttiva delle sue attività.

Quanto alle ragazze, consacrate totalmente agli studi, noi le chiameremo logicamente Studenti e vi aggiungeremo il termine di « titolari » al suo titolo per designare la parte direttiva e tutelare delle sue attività nei rapporti con i ragazzi, in particolare con il suo aiutante accreditato.

Il pensiero ginarchico, aperto a tutti gli arricchimenti ideologici ha fatto sua questa visione della partecipazione subalterna dei ragazzi a l'Educazione delle ragazze. E' anche quella su cui è nata l'idea fondatrice dell'IMEG

Pedagogia :

Dopo lunghe ricerche sui metodi educativi si possono classificare i metodi in tre pratiche di base :

Il metodo magistrale : la Maestra detentrice del sapere lo trasmette direttamente all'allieva.

Il metodo attivo : l'Allieva, sotto la direzione della Maestra, va cercando lei stessa il sapere.

Il metodo programmato : la relazione Maestra Allieva è soppressa per preservare una relazione, in generale informativa, tra l'Allieva e il Sapere

Si avrebbe l'abitudine di schematizzare anche questi vecchi metodi[74].

Evidentemente ciascuno dei tre metodi si trova in competizione con gli altri 2.

E' sbagliato basare le prime teorie ginarchiche sulla vecchia Educazione, ci si rende conto che la parte A dell'allievo, nel triangolo metodico della vecchia pedagogia, potrebbe e dovrebbe naturalmente sdoppiarsi e permettere anche delle relazioni tra ciascuno dei punti e in tutti i sensi.

Inoltre si è sviluppata la nozione di un terzo soggetto, apprendista, raddoppiando simmetricamente il nostro antico triangolo e permettendo a E(studente dal francese Etudiante) l'allieva in opposizione ad A l'apprendista/ aiutante) tutti e due allievi di una stessa Maestra (M) che diffonde il sapere (S) di trovarsi in contatto totale e permanente con tutti gli attori della sequenza pedagogia.

Una biblioteca di cultura generale di base completa questo minicentro di documentazione.

Le studenti dispongono in più dei loro aiutanti, di una complessa informatizzazione individuale composta da PC personale e/o terminale dell'amministratore dell'IMEG. Elle possono durante i corsi utilizzare tutto quanto il materiale informatico che il materiale umano che sono messi a loro disposizione.

La sala del corso comprende un totale di 25 tavoli, la

scrivania della Maestra, le 12 scrivanie delle studenti con un mobile che supporta il computer, il monitor e 12 tavoli di lavoro per gli aiutanti.

Per facilitare i suoi interventi sul computer o sull'aiutante, la Studente/Titolare dispone di una poltroncina detta di direzione, a ruote, e per il suo conforto in pelle.

Ella può, molto rapidamente e senza rumore, girasi per digitare dei dati sulla sua tastiera e ritornare nell'altro senso a dare qualche direttiva al suo aiutante.

I piccoli tavoli senza angolo, senza cassetti degli aiutanti sono messi lungo delle vie perché possono molto rapidamente, subito formulata la domanda della loro studente accedere agli scaffali e armadi in fondo all'aula e riportare nel più breve tempo la documentazione richiesta.

Gli aiutanti si siedono su dei piccoli sgabelli senza spalliera per i loro lavori di copia ed i loro spostamenti frequenti si effettuano senza rumore ne fastidio per la classe [77].

L'aiutante e i suoi piccoli mobili di lavoro devono dunque essere posti su percorsi funzionali, leggermente dietro la Studente/Titolare per poter meglio osservare i suoi bisogni ed eventualmente, i gesti che lei è suscettibile di fare per trasmettere i suoi ordini.

L'aiutante deve essere sempre attento alle esigenze sia della Maestra che alle direttive della sua superioregerarchica immediata.

Piano tipo di un IMEG

Piano Terra — **Primo Piano**

SETTORE FEMMINILE — settore maschile

Piano Terra:

SECTEUR SPORTIF — VOLLEY, TENNIS 1, TENNIS 2, BASKET, PISCINE — ORTO

SECTEUR REPOS — CORTE DI RICREAZIONE

SALA TV — SALA DA PRANZO STUDENTI — scala degli aiutanti — Refrettori degli aiutanti — cucina

Aula del Corso 1 — Figlie — Aula del Corso 2 — Giovani Figlie — Aula del Corso 3 — Adolescenti — Aula del Corso 4 — Giovani Donne

Bagni — delle — wc uomini — Studenti

SECTEUR VIE SCOLAIRE

Lavanderia — Calzoleria — Sala di isolamento — grande scala

Segreteria — Aula delle Maestre — Hall — Aula delle aiuto Maestre

SECTEUR DIRECTION — DIREZIONE — AULA MAGNA

Primo Piano:

balcone

SALONE TV E GIOCHI — scala degli aiutanti

Camera figlie — Camera figlie — Camera figlie — Camera figlie — Camera giov.figlie — Camera giov.figlie — Camera giov.figlie — Camera adolescenti — Camera adolescenti — Camera adolescenti — Camera adolescenti — Camera giov.donne — Camera giov.donne — Camera giov.donne

sauna — massaggi — doccia — w.c. uomini — Pédicure — Estetista — Acconciatrice — Sala da Bagno delle Studenti — Infermieria — Toilettes delle Studenti — posto dei

Dormitori degli aiutanti — grande scala — Alloggio della direzione — Appartamenti privati delle Maestre

♀ Accesso strettamente vietato agli aiutanti all'infuori dei periodi di manutenzione

♂ Accesso autorizzato alle Studenti prima dei lavori da eseguire

LA GINARCHIA

L'*impiego del tempo* è immutabile all'IMEG in particolare per gli aiutanti che devono assicurare tutti i servizi domestici e per i quali nessuna falsa scusa è tollerata. Per le Maestre e le Studenti, una più ampia indulgenza è data nelle abitudini dell'Istituzione.

Le Maestre svolgono 6 corsi di 50 minuti per giorno, per un totale di 5 ore , questo lascia loro molto tempo di prepararsi. Le loro giornate iniziano con i corsi specifici femminili, ciò permette di organizzare la giornata con l'aiuto degli studenti e termina con i corsi specifici maschili, i quali meglio sopportano le imperfezioni dovute a una lunga giornata di lavoro e dove i nervi a fior di pelle facilmente trovano la manifestazione.

Le Studenti hanno delle giornate di 14 ore dove si alternano i corsi (+o – di 5 ore), lo sport (circa 2 ore obbligatorie), il tempo libero (circa 3 ore), un ora di studio e la distensione (un po' più di 1 ora di televisione).

La giornata degli aiutanti è un po' più pesante, ma non supera le 17 ore. Se si tolgono alcune ore per i servizi diversi, essi hanno 4 tempi di riposo conseguenti ripartiti nella giornata. Essi hanno lo stesso numero di ore di studio delle Donne per compensare la stupidità intrinseca del loro sesso.

L'orario IMEG è dunque dei più armoniosi.

Contenuto degli insegnamenti :

	MAESTRE	STUDENTE	Aiutante		MAESTRE	STUDENTE	Aiutante
				13 15			Valssella
06 00			Risveglio	13 45			Riposo
06 30			Manutenzione Corrodoi	14 00	Corso M3	CORSO M3	Corso M3
07 00			Manutenzione Gabinetti	14 50	Corso M4	CORSO M4	Corso M4
07 30			Manutenzione Sale da Cursi	15 40		SPORT	Riposo
08 00		RISVEGLIO	Preparazione Prima Colazione	16 00	Corso SP		Corso SP
08 30		PRIMA COLAZIONE	Servizio Sala da Pranzio	16 50			Attività da gruppi (biancheria, calzoleria, giardino...)
08 45			Prima Colazione	17 30		STUDIO	
08 00	Corso SP	CORSO SP	Manutenzione Camera Studente Titolare	18 30			Preparazione Cena
09 50			Riposo	19 00		CENA	Servizio Sala da Pranzio
10 00	Corso M1	CORSO M1	Corso M1	19 30			Cena
10 50	Corso M2	CORSO M2	Corso M2	19 45			Lavare i Piatti
11 40			Preparazione Pranzio	20 30		T.V.	Studio
12 30		PRANZIO	Servizio Sala da Pranzio	22 00		CORICARSI	Manutenzione Salotto : sala da T.V.
13 00			Pranzio	22 15			Riposo
				22 30			Coricarsi

I corsi generali sono essenzialmente centrati sulla cultura
generale della Studente (pratica corrente, 3 lingue viventi
di cui la lingua madre, conoscenza globale e approfondita
della letteratura generale delle arti : pittura, musica, danza,
cinema; della Storia e della Geografia del mondo e delle
Scienze esatte : matematica, biologia, fisica ecc,)
Si aggiungerà uno studio delle tecniche moderne di

gestione e di inquadramento, in particolare dei mezzi informatici e telematici.

La Studente sarà messa al massimo in situazione reali di direzione di strumenti (PC e accessi alla rete) e di personale subalterno di tutte le età [77] (aiutante personale e corte maschile globale dell'IMEG[79])

Anche tutte le condizione per la riuscita totale della Studente, della sua uscita dall'Istituzione, sono riuniti, sia sul piano professionale (cultura generale, conoscenza scientifica e tecnologica) che sul piano personale (carattere formato alla dominazione dei subalterni maschi, psicologia del comando, competenze tecniche [80], ecc.)

Un'ora è riservata ciascuna mattina a l'insegnamento specifico femminile e maschile. Egli sarà di fatto ragionevolmente nell'ambito dell'internato misto di una sostituzione ginocratica, di fare l'economia dell'educazione necessaria a ciascun sesso.

Ogni giorno all'inizio della mattina, le Maestre si ritrovano faccia a faccia con le loro studenti senza i loro aiutanti maschi abituali[81], e alla fine della giornata con questi ultimi a loro volta privati delle loro studenti titolari[82].

Conviene, che le studenti più giovani dell'IMEG, per abituarsi alle loro future funzioni di comando, imparino a giustificare, sia nel pensiero che nell'azione (filosoficamente e praticamente), il perché della loro natura superiore e preponderante nella società e, infine, a si preparino intellettualmente ai compiti di inquadramento che le tare maschili le obbligano ad assumere per se stesse.

Il ragazzo dovrà apprendere rapidamente i compititi domestici e servili che saranno il motivo della sua entrata all'IMEG e nella sua vita attiva. Si deve molto rapidamente spiegargli anche le ragioni della sua inferiorità naturale e fare attecchire in lui le verità ginocratiche e la necessità di una ginarchia universale.

La superiorità femminile e la certezza delle proprie deficienze, l'aiuteranno nei suoi compiti di assistenza alla Donna. Non solamente il giovane aiutante deve apprendere molto delle sue reali funzioni di ausiliario domestico e manuale in una società a predominanza femminile ma anche a sentirsi fiero di eseguire i compiti subalterni imposti dai suoi superiori con gioia.

Disciplina :

Le studenti possono organizzare le loro ore di libertà come egli credono utilizzando tutte le strutture ricreative, sportive e culturali dell'Istituto.

A ciascuna giovane figlia dell'IMEG, al momento della sua iscrizione viene assegnato un aiutante personale, scelto tra gli apprendisti maschi della sua età, per i quali la missione principale e di assisterla durante i corsi e nella sua vita all'interno dell'Istituto

Essa diviene Studente titolare di quest'ultimo e lo può utilizzare per risolvere tutti i problemi materiali più umili della sua vita quotidiana.

Anche la gestione quotidiana della camera personale di ciascuna studente titolare incombe a pieno diritto al suo assistente, come evidentemente il prendere appunti durante i corsi e la redazione (sotto il suo dettato) dei doveri scolastici.

Le studenti hanno a loro disposizione una confezione di

biancheria e di calzature, tutte e due situate nel lato maschile dello stabile dove esse possono affidare agli aiutanti al loro servizio, come pure la loro biancheria sporca e le loro scarpe da pulire e cerare.

Esse non sono tenute ad alcun riguardo verbale o comportamentale verso gli aiutanti di cui elle sono autorizzate a richiedere servizi.

Ogni studente dell'IMEG ha la possibilità di depositare una lamentela presso il consiglio delle Maestre, contro non importa quale aiutante che le avrà recato un torto con il suo maldestro comportamento.

I pasti vengono loro serviti ad orari fissati, dalla corte degli aiutanti (colazione alle 8 e 30, pranzo alle 12 e 30 e cena alle 19) ed elle devono evitare di disturbare la vita dell'Istituto con ritardi o recriminazioni senza fondamenti. Tutte le lamentele devono essere motivate e la Studente si impegna a eseguire ella stessa la sentenza che le Maestre avranno pronunciato all'incontro con l'aiutante colpevole.

Il loro accesso alla cucina, alla lavanderia, alla calzoleria deve essere ridotto al minimo indispensabile.

Gli apprendisti devono apprendere con il cuore e rispettare alla lettera l'impiego del tempo che è stato a loro comunicato al momento della loro ammissione all'IMEG.

Dal momento che un apprendista viene a conoscenza dell'identità della sua studente titolare sotto la cui autorità è messo temporaneamente o definitivamente egli deve nel più breve tempo prendere servizio presso di Lei, informarsi delle sue esigenze e conformarsi.

L'apprendista deve prendere totalmente in carico la

manutenzione della camera particolare e del gabinetto della Studente di cui è l'aiutante

Ugualmente, durante le ore dei corsi, egli deve prendere al meglio tutti gli appunti che lei gli domanda di prendere o ricercare rapidamente e silenziosamente tutta la documentazione di cui ella può avere bisogno. Durante lo studio, esso svolgerà scrupolosamente tutti i doveri che Lei gli ordinerà di svolgere.

Ogni aiutante deve naturalmente eseguire tutti i compiti richiesti dalla sua Studente / Titolare, qualunque essi siano.

Fuori dal suo servizio ordinario presso la sua Studente/Titolare, l'aiutante deve eseguire i compiti maschili dell'Istituzione.

Tutti i giorni : gestire le parti comuni, la pulizia dei pavimenti, preparazione e servizio dei pasti alle Studenti. Regolarmente e in equipe, dovrà adempiere ai servizi di manutenzione della biancheria, di calzoleria ed alla potatura del giardino e coltivazione dell'orto.

In caso di abusi manifesti o di incontestabili maltrattamenti da parte di una Studente, l'aiutante può andare a lamentarsi gerarchicamente dalla sua Studente Titolare, poi, se il litigio persiste, può riferire, a titolo del tutto eccezionale a una Maestra.

Egli deve tuttavia sapere che quest'ultimo ricorso può ritorcersi contro di lui, se è lui ad avere commesso il torto e che dovrà, in questo caso subire lui stesso, dalle mani di colei di cui si è lamentato, le punizioni corporali più severe

La direttrice dell'IMEG , le 4 principali Maestre e le

Studentesse delegate da ogni classe, costituiscono il "Consiglio delle Maestre", la sola autorità abilitata a premiare e a sanzionare.

Il Consiglio stabilisce a fine anno sui passaggi alle classi superiori, sull'orientamento da dare alle Studenti e agli apprendisti, alla loro uscita dall'istituzione.

Il Consiglio arbitra i litigi e decide le sanzioni disciplinari.

Le sanzioni sono 8, di cui 3 per le Studenti (*avvertimento, biasimo, esclusione*) e 5 per gli apprendisti (*schiaffo, sculacciamento*[83], *flagellazione, isolamento*[84] *e trasferimento*[85]).

Con una tale analisi pedagogica, di rigorose regole formatrici e un progetto di questa ricchezza, non si può che convenire che il sistema ginocratico di insegnamento costituisce in fondo una risposta seria al marasma e al delirio attuale dei nostri governanti e falsi pedagogi

II - Metodologia e Semantica della dominazione femminile.

Perché combinare questi due termini apparentemente senza rapporto, nel titolo di uno studio sulle tecniche ginarchista ?

Perché ci è apparso in accordo con la più grande confusione regnante tra i termini sinonimi, « paronimi » e contrari qualificanti la Dominazione femminile e il suo corollario : la sottomissione maschile.

Dalle nostre prime ricerche, partite dall'idea di mettere un po' di ordine in questo caos lessicale, ci è apparso a poco a poco che le sfumature semantiche che

« rilasciano » corrispondenti spesso a delle variazioni scolastiche nei rapporti ginarchici socialmente vissuti o, ancora, delle variazioni di processi di asservimento del maschio attualmente o storicamente utilizzate dalle Donne ginarchiche.

Noi abbiamo dunque voluto proseguire il nostro studio in questo senso, nell'obiettivo di stabilire una « taxinomia » di tutti i sistemi ginarchici possibili, che siano vissuti individualmente o collettivamente e di tutti metodi e tappe che conducono o possono condurre a queste strutture sociali ideali dove solo la Donna detiene il potere.

Sfortunatamente anche se abbiamo la preoccupazione dell'esaustività, essa   non potrà essere effettivamente realizzata.

Come in effetti immaginare tutte le situazioni dove la Donna domina l'uomo ? E come immaginare tutte le combinazione e le tattiche che Essa è suscettibile di mettere in opera per arrivare a questo fine ? Sarebbe già una ingiuria circoscrivere il suo raggio di azione, in quanto, una delle prime caratteristiche che la Donna giustamente ha, è la sua geniale immaginazione. Noi possiamo sperare, se non fare una panoramica della questione,   almeno definire le possibilità lessicali accordate alla Ginarchia dal dizionario.

Infine, ci pare paradossalmente più coerente cominciare il nostro lavoro dallo scopo che ci attendiamo (la schiavitù del maschio), e dopo averne valutato i diversi gradi, arrivare in ultima analisi ai metodi di asservimento e alle molteplici tappe di allenamento che possiamo intravedere, dal 1 incontro con il nostro congenere inferiore che ci sembrerà degno di sforzo.

I termini qui di seguito impiegati e sottolineati ci inciteranno a supporre la validità di una formula, corrispondente ad una progressione sociale maschile in un sistema ginarchico e che si enuncia così :

(incontro + asservimento) + allenamento = schiavitù

Ciò dovrebbe mettere allo stesso livello un fatto puntuale (l'incontro), uno stato (la schiavitù), il passaggio da uno stato all'altro (l'asservimento) e un'azione duratura (l'allenamento), ma qusto non è evidentemente assimilabile nel quadro di una analisi semantica rigorosa.

Converrà piuttosto far susseguire i fatti ai fatti, gli stati agli stati che potranno dare delle regole di trasformazione strutturale del tipo :

Schiavitù = asservimento + allenamento

Tuttavia conviene, prima di scrivere delle regole, mettere in ordine logico le trasformazioni :

— degli stati progressivi del maschio : stato 0 (libero) ⇒ subordinazione ⇒ sottomissione ⇒ èschiavitù

— degli appellativi maschili afferenti ai loro stati : subalterno ⇒ subordinato ⇒ sottomesso ⇒ schiavo

— dei titoli corrispondenti alla Donna : Iniziatrice ⇒ Educatrice ⇒ Dominatrice ⇒ Maestra

— delle tappe dell'allenamento : condizionamento ⇒ addomesticamento ⇒ asservimento

Progressione logica che potrà essere così schematizzata:

Titolo della Donna	Tappe dell' allenamento	Stati maschili	Qualità del maschio
INIZIATRICE		Stato 0 (libero)	*subalterno*
	Condizionamento		
EDUCATRICE		Subordinazione	*subordinato*
	Addomesticamento		
DOMINATRICE		Sottomissione	*sottomesso*
	Asservimento		
MAESTRA		Schiavitù	*schiavo*

Dopo questo disamina della terminologia, ci è possibile riprendere ogni termine e ogni grado della progressione ginarchica, sia femminile che maschile e fare una descrizione analitica sufficiente per permetterci di concludere con la definizione delle nozioni, come pure lo studio dei metodi e l'osservazione dei risultati.

Il nostro studio non sarà cronologico, dall'inizio alla fine dell'allenamento come l'avrebbe fatto non importa quale maschio cartesiano, ma piuttosto all'inverso e progressivamente, raggiungendo lo scopo con i mezzi possibili dell'Ideale alle premesse reali, per meglio risentire le necessità di ciascuna fase e soprattutto per andare dal più semplice al più complesso.

La schiavitù del maschio, tappa finale e ideale.

L'ideale maschile è naturalmente il *factotum* etimologicamente il « colui che fa tutto. »

Quale Donna non sogna di possedere almeno un uomo a cui può dare un ordine solo e unico, primo e ultimo : « fai tutto ! » e dopo averlo pronunciato preoccuparsi più di nulla.

Ahimè questa frase oggi è connotata troppo positivamente per convenire a uno schiavo.

Solamente i borghesi timidi e impauriti si accontenterebbero di questa frase

La Ginarchica preferirà la semplice parola schiavo, talvolta nobilitato da latino *servus*.

Notiamo che la lingua latina non ha solamente donato alla Ginarchia i termini di servus e factotum.

La Maestra che ha allenato e possiede un servo, non si accontenterà se non raramente, di questa esclusività servile.

Avrà bisogno presto, nella sua prigione *ergastule* [89], di un domestico *famulus* per il servizio, di una *adstetrix* (ancella, ostetrica) per guardarla, di un *unctor* (untore) per il profumo, di un *aplipilarus* (depilatore) per depilarla, un *nutritor* (nutritore) per nutrirla, un *trotactor* [90] (massaggiatore) per massaggiarla, un dropacistus (…) per pulire tutti i suoi orifizi naturali, un *bajulus* per portarla, un *cubicularus* per servirla a letto.

E ritornerà la felice epoca del *mancipium*, uomo oggetto di proprietà acquistato o catturato.

Le Donne ricche (o le più intrepide) si offriranno (o addestreranno) delle *suppellex* (suppellettili) per servirsene da sedie, da tavoli o da lampadari ambulanti.

Quando la Donna sarà al potere le converrà essere

molto attenta alle nomine e alle etichette che dovrà attribuire ai nostri compagni e il latino ci sarà molto utile.

L'asservimento del maschio, il suo diploma di fine studi.

Come una volta l'uomo era armato Cavaliere con la procedura dell'ordinazione, egli a titolo otterrà, sotto la Ginarchia, l'onore di diventare a pieno titolo lo schiavo di una Donna con la cerimonia dell'Asservimento.

Dopo essere stato subordinato ad una educatrice, poi sottomesso a una Dominante, il maschio otterrà infine il diritto di appartenere corpo e anima a una Maestra e di entrare infine nella schiavitù.

La Maestra organizzerà il cerimoniale di sua iniziativa, se tuttavia Ella lo ritiene necessario, potrà eventualmente esigere la stipula di un contratto, ma preferirà pragmaticamente una infibulazione o amputazione simbolica del maschio da asservire, per ben marcare la irrevocabilità della sua nuova condizione maschile.

Se ciò non è stato fatto durante l'addomesticamento, la Maestra poserà in modo indelebile il suo nome o le sue iniziali sul corpo del suo schiavo, oramai suo *mancipium*.

I marchi più persistenti restano quelli effettuati a ferro rovente, ma molto difficile come riuscita estetica ed in fin dei conti difficili per la stessa Donna abbastanza maldestra.

La Maestra approfitterà dell'Asservimento se lo ritiene opportuno, per battezzare il suo schiavo [91] e soprattutto per assegnarli dei nuovi compiti o funzioni più dure per lui e quindi più dense di soddisfazione nello svolgerle bene, soprattutto se permanenti.

Egli non potrà dimenticare, al tempo stesso, che la

Maestra fa una nuova acquisizione, una nuova vita intensamente produttiva e arricchita anche per il maschio appena promosso alla schiavitù.

L'addestramento del maschio, la vera performance femminile [92]

Nel nostro primo schema tra lo stato 0 e la schiavitù il maschio passa per due periodi distinti di addestramento, la subordinazione e la sottomissione.

Tra i due, una tappa simbolica e rituale molto importante è l'addomesticamento.

La vera problematica ginarchica si situa esattamente là, tra subordinazione e sottomissione al momento della addomesticazione, dove il maschio accetta di divenire un domestico, un servitore.

Se è facile, anche per una giovane Maestra, dare una direttiva a un maschio e di vedere quest'ultimo seguirla senza recalcitrare, è più complesso darli un ordine (magari la stessa azione) la cui esecuzione implica intrensicamente la sua inferiorità e sottomissione.

Semanticamente, questa è la differenza tra le frasi :

1) *Questa sera caro, fai tu le stoviglie ?*
2) *Vai subito a fare le stoviglie, caro !*

Anche se ciascuna di queste frasi da lo stesso risultato pratico, la prima formula implica una certa libertà di scelta, malgrado l'ordine implicito dell'educatrice, ma la seconda manifesta l'autorità della Dominatrice e non lascia alternative al sottomesso.

Queste sfumature sono tutta l'arte della dominazione femminile.

E per osservare l'esempio delle stoviglie, compito un po' più maschile, si può immaginare una gradazione nella formulazione di questo ordine indirizzato da una Donna all'uomo :

a) *Vai a fare le mie stoviglie, mio caro ?*

La Donna riconosce che ritratta delle SUE stoviglie

b) *Vedi bene di farmi le stoviglie, caro ?*

C'è una certa ambiguità del possessivo « mi », ecco che l'azione di lavare le stoviglie della Donna, l'uomo la deve fare per Lei.

c) *Vai subito a fare le stoviglie, caro !*

Non è più una domanda ma un ordine

d) *Vai subito a fare le tue stoviglie,X...*

Il possessivo, implica un dovere specificamente maschile, rende inutile il punto esclamativo imperativo
Alle stoviglie, domestico (o schiavo etc.)
Il "caro", è scomparso come prenome, e ha finalmente trovato il suo appellativo funzionale
Le stoviglie !
Non c'è più bisogno di interpellativi nominali funzionali.
Presto, uno schiocco di dita basterà.

Ciò che ci interessa adesso, sul piano della tattica

dell'addestramento, sono precisamente queste differenti frasi 1) e 2) o nella seconda formulazione b) e c).

Tra le due si è prodotto ciò che noi troviamo opportuno chiamare l'addomesticamneto del maschio.

Da un "servizio" che egli rende, sulla preghiera della sua Educatrice in b) il sottomesso in corso di addestramento passa in c), ad un dovere da eseguire su ordine espresso della sua Dominatrice.

Se egli non ha ottemperato a b), il maschio non incorre che i nessuna rimostranza o screzio.

Se egli disobbedisce a c), egli è passibile di punizioni più o meno severe.

Questo passaggio tra le due formulazioni relativamente sottile da sapere e da realizzare, che decide nei fatti sulla riuscita del focolare ginarchico e del futuro orientamento del maschio verso la schiavitù.

Questo passaggio deve essere graduale, progressivo senza escludere talvolta dei ritorni indietro e delle nuove partenze.

L'Educatrice deve tanto impiegare il tipo b) di formulazione dei suoi ordini tanto il tipo c) e non scoraggiarsi mai. Molto presto la Donna sentirà il momento dove ella potrà in tutta libertà dare ordini senza precauzioni verbali preparative.

Il maschio condizionato per qualche settimana o qualche mese è oramai addomesticato.

Arrivate a questa tappa franca, l'addestramento deve completarsi non solamente con l'acquisizione presso il maschio di una obbedienza riflessa, ma anche attraverso un consenso euforico alle punizioni inflitte per disobbedienza o maldestra esecuzione degli ordini ricevuti.

Allora solamente e dopo una gradazione dei compiti da effettuare al servizio della Dominatrice e dei castighi da Lei concessi, si potrà considerare l'asservimento dell'aspirante schiavo.

Stato Zero e condizionamento primario

Non è che il primo passo che costa, si dice.

E questo primo passo verso la modalità ginarchica è il più delicato, anche il più complesso tanto per il futuro schiavo che per la futura Maestra. Bisogna che la Donna modifichi le sue abitudini, si sbarazzi dei suoi tabù e superi le sue apprensioni.

In primo luogo, è necessario che l'Iniziatrice sia ben cosciente dello scopo atteso (la schiavitù totale del maschio che ella ha scelto), delle difficoltà prevedibili e dei numerosi sacrifici che ella dovrà sopportare prima di riuscire nella sua impresa (tempo perso, ripetitività degli esercizi di addestramento, ribellioni bonarie).

Bisogna sapere che una volta che questo processo è lanciato, la Donna non potrà fare marcia indietro, a pena di dover sopportare le reazioni sordide e aggressive del maschio prima represse dalla sua superiorità naturale.

A condizione di avere un suo obiettivo in testa in modo assolutamente permanente, la Donna, lentamente ma certamente, realizzerà il suo progetto.

Ella avrà sicuramente la gioia, non soltanto di divenire una Educatrice rispettata, ma anche di vedere il suo subordinato sottomettersi volentieri a Lei e glissare nell'euforia verso la schiavitù.

Ma questo condizionamento non potrà realizzarsi in

modo soddisfacente se non con la stretta osservanza di un metodo rigoroso e una grande disciplina personale.

Non riassumiamo qui per guidare l'Iniziatrice debuttante, qualche grande regole e qualche metodo sperimentato.

Per una comprensione più globale delle tecniche psicosessuali di conversione ginarchica, l'Iniziatrice si potrà rifare alle opere teoriche citate nella nostra bibliografia.

1) Onnipresenza di riferimenti ginarchici.

Presso di voi e tutto intorno è necessario avere il massimo di oggetti di arte e di opere che trattano della Ginarchia (disegni o pitture rappresentanti delle Donne che dominano o uccidono degli uomini, romanzi che mettono in scena delle Amazzoni o delle Ginarchiste in azione, video cassette della stessa ispirazione, opere tecniche a soggetto, riviste di dominazione femminile o bollettini di organizzazioni ginarchiche ecc e oggetti che nel vostro ambiente possono implicare, allo sguardo di un maschio, la vostra superiorità o la vostra crudeltà (libri scientifici, armi, oggetti da guerriere, strumenti di tortura ecc.)

2) Attitudine perpetuamente dominante.

In nessun caso una Donna non deve lasciarsi andare ad obbedire ad un ordine emanato da un maschio, ne tollerare che lui ne dia alcuno. Naturalmente, l'inverso dovrà divenire una abitudine e poco a poco una regola. Anche fisicamente, l'Iniziatrice dovrà abituarsi a occupare la posizione dominante.

Se i due sono seduti, la Donna deve arrangiarsi, per sempre ad occupare la sedia più confortevole e/o più elevata.

Durante una discussione, stare seduta mentre l'uomo rimane in piedi davanti a Lei.

Mettersi sopra durante l'atto sessuale.

3) Utilizzazione del desiderio maschile.

Il maschio desidera, come sappiamo, ● corpo della Donna. Questo quindi deve provocare il desiderio del maschio progressivamente in cambio di una progressiva sottomissione.

da primo contatto la Donna deve negarsi. Il baciare l'inferiore, il carezzare, il contatto sessuale deve essere accordato in contro partita di una prova manifesta di subordinazione (io ti abbraccerei se tu lavi le stoviglie, si farà l'amore quando tu avrai pulito casa, io dormirò con te se il tuo salario sarà accreditato sul mio conto ecc.)

4) Spontaneità e necessità delle punizioni.

Una pacca sulla guancia, una privazione del dessert o del sesso, poco a poco la punizione del maschio per le infrazioni deve divenire normale, legale, fino ad arrivare alla reclusione, la frusta o la tortura nei casi più gravi di trasgressione o ribellione.

Progressivamente , la punizione può divenire il ceffone, poi lo schiaffo, poi il colpo di cintura e infine la frusta. Insensibilmente e progressivamente il maschio accetterà delle punizioni corporali sempre più gravi e fisicamente più dolorose.

5) Teorizzazione della Ginarchia.

Piano piano la superiorità morale e fisica dell'Iniziatrice deve apparire al maschio come una evidenza e una necessità irrinunciabile. Per questo motivo, è necessario trovare una giustificazione intellettuale per il subalterno che ha bisogno per scusare il suo pendere verso la schiavitù.

La Donna deve usare delle formule, dei precetti, proverbi e aforismi mnemonici che il maschio farà sue come regole di vita e alle quali si appellerà senza dubbio per agire. Qualche esempio :

- *Alla loro Donna tutti i mariti devono mostrarsi sottomessi*
- *Battuto dalla sua Donna, felice nella sua anima*
- *Ciò che la Donna vuole, Dio Vuole*
- *Non è mai un peccato, ciò che vuole una Figlia.*
- *...*

6) Contrattualizzazione

Molto rapidamente, bisognerà fissare delle regole, dapprima formulate oralmente poi scritte, che stabiliscono in modo progressivo ma indissolubile, i diritti della Donna e i doveri dell'uomo, in ogni stato di sottomissione, deve necessariamente finire con l'elaborazione, la firma e il rispetto di un contratto, che noi proponiamo di chiamare, « il Condizionamento », per dare un nome a questo primo grado della Ginarchia.

Finalmente, dopo aver presentato all'inverso le diverse tappe i differenti periodi della vita ginarchica, noi abbiamo potuto concettualizzare e nominare (o battezzare) ciascuna di essa.

Ma ciò non era il nostro scopo bensì un mezzo, tra tanti, per addivenire all'asservimento del maschio e all'avvento della Ginarchia collettiva.

QUARTE PARTE

Un mondo migliore per le Donne emancipate e gli uomini disciplinati.

I - la presa di potere politico

1) La regressione psico intellettuale maschile e le sue conseguenze socio culturali.

Il XX secolo è stato marcato, come sappiamo, nei suoi primi 2/3 dalla intensificazione di lotte femminili, dalle due guerre mondiali, principalmente destinate a soffocare i suoi fallaci pretesti patriottici, non hanno più avuto ragione.

A questa latente e crescente precisa minaccia, rappresentata da una nuova emancipazione e/o una conquista Femminile dei suoi poteri usurpati, il maschio ha reagito con la creazione di tutta una serie di mezzi di comunicazione condizionanti, come la televisione, una moltiplicazione di teorie pseudo-filosofiche e la risorgenza del fanatismo religioso.

Ma questi direttori maschilisti, sciovinisti e criminali, hanno tuttavia dimenticato una cosa, ma vitale, la auto-immunizzazione delle donne.

Le Donne razionalmente o incoscientemente, grazie al loro sesto senso, si erano più o meno preparate a questa reazione, le principali vittime di questa contro offensiva disperata si trovano, dunque ad essere proprio gli elementi maschili di queste generazioni sacrificate.

Quando si utilizza come ultima arma la propagazione

dell'analfabetismo, dell'intolleranza, dell'ignoranza e della stupidità bisognerà attendersi che i primi ad esserne contaminati, come nella maggior parte delle altre epidemie, sono i proprio maschi. Come si può facilmente costatare oggi.

Proprio come i ragazzi a scuola, il maschio adulto di questo fine secolo è diventato limitato,, malizioso, incolto e si trova tragicamente in una posizione di inferiorità manifesta, vedi la totale dipendenza di fronte alla Donna.

Egli comprende molto difficilmente che il suo stato psico intellettuale, prossimo all'abiezione non è che la risultante di una tara che egli coltivava invece di circoscriverla e proscriverla, sottoponendosi senza condizioni, esitazioni ne rammarico, alla sua compagna, qualunque essa sia, Dama, Donna, Ragazza o Fanciulla, per natura superiore

Possiamo costatare con un minimo di discernimento, questa timida presa di coscienza, da parte dei nostri sfortunati compagni, peraltro già troppo alterata per il loro amor proprio, che solo un asservimento, totale o parziale, può dissolvere efficacemente.

Non si possono cancellare delle millenarie certezze maschiliste in pochi anni di predominanza femminile. Pertanto, poco a poco, il maschio ammette la sua inferiorità e accetta una certa regressione a vantaggio della Donna.

Gli indici non mancano (tariffe di assicurazioni automobilistiche più elevate per i giovani conduttori rispetto alle giovani conduttrici, la professione di insegnante quasi interamente femminilizzata a quasi tutti i livelli dell'amministrazione ecc) La tendenza sociale globale è la preponderanza femminile in tutti i domini (politico commerciale sociale ecc).

All'evidenza, e se qualche maschio rifiutasse ancora ostinatamente la sua disfatta, provocherebbe una irreversibile terza guerra mondiale, il XXI secolo sarà il risultato di questa evoluzione e lo scioglimento, a vantaggio delle Donne, di questa lunga lotta per il potere.

Il problema della disoccupazione sarà praticamente risolto da alcune riforme ragionevolmente suggerite, la confisca da parte delle Donne di tutti i posti di decisione e la destinazione generale dei maschi ai lavori manuali e servili.

Ma ci dobbiamo guardare dal cascare negli stessi sbagli che i maschi hanno fatto con il loro potere assoluto. Bisognerà, dunque, allontanarli da tutte le funzioni di responsabilità ma tuttavia mettere e osservare qualche sottomesso più dedicato alla supremazia femminile in apparente posizione direttiva, in vetrina, con l'intenzione di far dirigere i loro congeneri, che sicuramente dirigeranno male i loro dipendenti e perciò resteranno sempre così facili da beffeggiare.

In famiglia, bisognerà naturalmente confinarli nei compiti domestici, accettando tuttavia di dirigerli verbalmente, nei compiti notoriamente più delicati come la cucina, la decorazione della casa.

Inoltre, la totale libertà sessuale della Donna e la poliandria dovrà essere universalmente istituzionalizzata senza sopportare assolutamente alcuna contestazione, ella dovrà malgrado tutto tollerare, per esempio sottoforma di prestito a un'altra Donna o sotto il pretesto della formazione erotica presso una specialista, una certa infedeltà del suo o dei suoi sposi, dando loro l'illusione di una certa reciprocità. Tutto ciò nel rispetto del buon senso e senza creare alcun problema alla Ginarchia nascente.

E' necessario che ciascuna Donna sappia fin da subito, quali reazioni maschili attendersi da qui a qualche anno o a qualche decennio che ci separano dal successo finale e come condurre la risposta.

Una buona conoscenza teorica della eziologia e della semiologia dell'attuale regressione psico intellettuale del maschio, darà alle Donne, chiamate a guidare l'avvento della Ginarchia, le basi teoriche necessarie all'utilizzazione di queste stesse tare maschili a vantaggio della società ideale in costruzione.

Il degeneramento che subiscono oggi i maschi della specie umana, come il loro rimbecillimento progressivo, devono evidentemente divenire delle armi femminili in vista di un radicale cambiamento sociale in preparazione.

La tendenza maschili a scaricare le responsabilità, che si costata presso gli uomini politici come presso i semplici padri di famiglia (si scaricano di tutti i problemi incomprensibili per loro, che abbandonando alle loro compagne più qualificate la direzione finanziaria, funzionale e morale della loro famiglia che non possono assumere) sarà la chiave della presa di potere delle Donne. Quando a tutti i livelli decisionali della società, dal potere planetario alla cellula familiare, il maschio come già sta accadendo,. avrà l'obbligo assoluto di fare riferimento a una Donna, allora basterà un piccolo colpetto di indice affinché il mondo maschilista cada definitivamente e irrevocabilmente nel nulla

2) Rivoluzione o riforma ?

La teoria ginarchista, essenzialmente rivoluzionaria poiché vede un radicale cambiamento delle abitudini e dei sistemi di pensiero, ammette pertanto che i suoi avvenimenti possono avvenire senza violenza, attraverso certe riforme relativamente poco contrastate come quelle nei campi della contraccezione e della Educazione

A. La sanità nel sistema ginarchico.

Il sistema di sanità del mondo moderno a cui ci appelliamo dovrà includere sensibilmente le stesse specializzazioni mediche di oggi. Tuttavia la gestione della medicina detta generica , di corrente consumazione, è interamente da rivedere.

I problemi di sanità che non appartengono ai campi specializzati non possono essere affrontati e trattati in modo soddisfacente da dei dottori che non hanno una visione globale della anatomia, della fisiologia e della psicologia delle Donne.

Un medico generico veramente efficiente non dovrebbe inviare i suoi pazienti dagli specialisti, bisognerebbe che possedesse una formazione sufficientemente specializzata in Ginecologia.

L'avvenire della medicina di grande consumazione passa necessariamente per un approccio ginecologico dei problemi di sanità correnti.

Le Donne beneficeranno dunque di questo approccio globale e personalizzato dei loro problemi di salute e saranno considerate prima di tutto come Donne.

D'altra parte si può constatare che la medicina veterinaria, eccezionalmente competente in tutti i domini, soffre di una limitazione arbitraria nei suoi campi di attività. In effetti, i veterinari che oggi fanno veramente miracoli in materia di animali, guadagnerebbero considerevolmente in conoscenze pratiche ed efficacia se essi potessero parallelamente trattare certi piccoli problemi medici o chirurgici umani. Non è terribilmente limitativo, per un medico capace operare un gorilla o un cane a cuore aperto e guarire delle febbri da cavallo, non avere il diritto di fare una diagnosi corrente e una ordinazione di aspirina o di tranquillanti ordinari ad un umano che ne avrebbe bisogno ?

Ovviamente i veterinari potrebbero avere la fortuna di prendersi cura della popolazione non, da una parte la ginecologia generale di cui vengo da dimostrare la necessità e dall'altra parte i domini medici specializzati come la pediatria.

Inoltre, noi potremo delimitare tre grandi famiglie di dottori : gli specialisti (ortopedici, pediatri ecc), i ginecologi generici per le Donne e i Veterinari per gli animali e i maschi umani.

La dicotomia medicina specializzata/medicina generica che non corrisponde più alla realtà medica contemporanea sarà soppiantata con fortuna da una tripla distinzione funzionale : medicina di specialità per i problemi di salute complessi, Ginecologia generale per i problemi correnti specificatamente femminili e medicina veterinaria nel dominio di competenze elargite comprendenti i problemi medici e chirurgici del maschio umano e i problemi specifici di questi ultimi (malattie veneree, castrazione repressiva o a scopo contraccettivo, eutanasia umanitaria o repressiva).

Questi miglioramenti del nostro sistema sanitario avranno ugualmente per conseguenza oltre che dei migliori risultati medicali soprattutto per le Donne, una considerevole miglioramento del budget della sicurezza sociale poiché, da una parte le donne non avrebbero più, in generale e salvo casi complessi che richiedono l'intervento di una specialista, che da consultare un solo medico (e non uno generico, poi un ginecologo, come succede attualmente) e i maschi potrebbero ragionevolmente curare presso il veterinario un 99% dei loro problemi di salute.

B. *La contraccezione in Ginarchia :*

Malgrado tutti i progressi della scienza moderna, la castrazione resta il mezzo più efficace e meno oneroso. E' indiscutibile tuttavia, questo metodo contraccettivo, a causa senza dubbio del suo carattere definitivo e di qualche altro inconveniente minore, resta assai poco usato attualmente soprattutto nei regimi patriarcali maschilisti che sussistono ancora, in Africa, in particolare.

La Ginarchia si dovrà riabilitare e rimettere all'ordine del giorno questa sana ed efficace pratica.

Certe donne non avranno evidentemente alcun interesse

a far castrare i loro compagni di piacere sessuale o servitori maschi, sono quelle che non conoscono altro piacere sessuale che quello vaginale e/o che non possono accontentarsi di sostituti fallici per ottenere l'orgasmo.

Certo, si tratta di una evidente carenza di conoscenza in materia di sessualità femminile (vedere una spiacevole carenza di pratiche con strumenti femminili e/o partners dello stesso sesso) ma si potrebbe condannare queste, che non desiderano avere fanciulli, ne esigono il sacrificio del loro partner maschio per conservare l'uso degli organi stessi che apportano loro voluttà.

Per preferire la castrazione al preservativo, alla pillola (o a mezzi contraccettivi vaginali) bisogna essere una donna liberata psicologicamente e fisicamente cosciente della mediocrità del piacere ottenuto con l'aiuto del sesso maschile e attenta agli enormi progressi realizzati nel dominio del piacere femminile dalla oggettistica psico-erotica e chimico-afrodisiaca.

Inoltre , in regime ginarchico, il maschio, anche castrato, può essere facilmente condizionato alla esecuzione regolare di manipolazioni erotiche, sottoforma eventualmente di manovre orali, che potranno soddisfare pienamente la loro compagna, principalmente clitoridea.

Le Donne desiderose di non avere dei bambini sia per i dolori del parto, sia perché preferiscono l'adozione o la fecondazione extrauterina con sperma selezionato, dovranno scegliere tra 2 tecniche di castrazione dei loro maschi :

a) L'ablazione dei soli testicoli (se la sposa o la

compagna è eterosessuale, come nel caso sopraccitato).

b) L'ablazione completa dell'apparato genitale del maschio (se la sua sposa o compagna è esclusivamente omosessuale o sfortunatamente frigida)

NB : le donne bisessuali, quanto a loro dovrebbero precisare le loro preferenze al momento in cui riempiranno la richiesta ufficiale di castrazione del loro compagno (e in tutti i casi almeno un'ora prima della operazione)

La castrazione è senza dubbio caduta in disuso a causa di tutti i tabù maschili riguardanti il piacere femminile (saffismo condannato o riservato a riviste e film "per uomini" , falli e vibro massaggiatori venduti nei negozi specializzati e vergognosamente connotati, afrodisiaci riservati agli uomini e a ristretta diffusione ecc.) Inoltre, ridando sviluppo a questo metodo contraccettivo straordinariamente efficace, la Ginarchia contribuirà, da una parte, ad un sensibile aumento del benessere delle Donne (nessuna probabilità di incidenti possibili, mai più costosi IVG, mai più fastidiose assunzioni quotidiane di pillole ecc.) e dall'altra parte, via libera al saffismo, a gadgets chimici ed erotici che favoriscano una benefica rivitalizzazione dell'erotismo femminile, principale Motore del Mondo

C - Altre misure secondarie

a) Soppressione delle formalità amministrative concernenti i maschi.

Tutta questa mostruosa e costosa gestione dello stato civile (dichiarazioni di nascita, di morte, di matrimonio ecc) non servono effettivamente a nulla, tanto meno per ciò che riguarda i maschi. Una semplice dichiarazione (nello spazio riservato sui formulari della dichiarazione dei redditi annuali   , per esempio) di ogni donna possidente, che ha fatto nascere o interrato uno o più maschi, sarebbe ampiamente sufficiente per ciascun anno, in particolare per le statistiche.

Molte impiegate della Segretaria municipale si troverebbero alleggerite e diventerebbero quindi più attraenti.

b) Scolarizzazione ridotta dei maschi.

Il problema dell'insegnamento è cruciale : la creazione generalizzata dell'IMEG è sicuramente auspicabile ma delle misure immediate si impongono. Non è utile, per esempio insegnare le Arti e la Letteratura a un maschio, la cui sola funzione, alla fine degli studi, sarà essere il domestico di una Donna e/o di lavorare manualmente per Lei. A cosa serve insegnare una lingua straniera a un uomo che, in fin dei conti non dovrà comprendere che qualche ordine di cui la multi traduzione potrà stare ampiamente su un foglio di carta (inizia !, coricati !, qui !, fuori !, lecca !, a bere, a mangiare ecc).

Dopo (o durante) l'addestramento psicologico del nostro compagno inferiore, (sono sufficienti di 2 o 3 anni di apprendistato), ai compiti che si esigerà da lui (in particolare alle scienze domestiche e alla cura del corpo femminile) assortita con qualche elementare nozione di Morale e Filosofia ginarchica per fare un maschio di fatto accettabile e funzionale. Il vero insegnamento scientifico e culturale, riservato alle giovani figlie, diventerà allora veramente efficace, formativo e gratificante. Le materie dell'Educazione già quasi totalmente femminilizzate, diventeranno allora meno penose e più attrattive, così che, senza alcun dubbio molte giovani fanciulle ameranno praticarle

c) Diritto di non assistenza al maschio in pericolo o sofferente.

Un semplice rifiuto delle Hostess di accoglienza di accettare, all'ospedale o alla Clinica i maschi non accompagnati dalla loro Mamma, Sorella, Concubina, Tutrice o Maestra ridurranno considerevolmente il compito delle infermiere e delle assistenti dottori e avrà ugualmente per risultato una nuova moda per questi impieghi femminili.

Questa misura, in un secondo tempo potrà essere estesa alla casa per anziani.

Tuttavia, sarebbe inumano e poco igienico rifiutare al maschio il diritto alla cremazione.

d) Esenzione di giustificazioni per l'Eutanasia maschile.

Mettere fine alla vita di un maschio, nello scopo evidentemente caritatevole o igienico, non dovrà più essere un atto sottomesso alla autorizzazione preventiva o a giustificazione ulteriore della Donna decidente. Le formalità amministrative, legali o giuridiche che servono oggi per l'esecuzione di questo atto di pietà e/o igiene sociale elementare lo rendono quasi irrealizzabile per quelle che hanno preso questa decisione, anche in tutta la conoscenza del caso. Molte si vedono costrette a mettere fine illegalmente ai giorni del loro sfortunato compagno, e ciò è inaccettabile e obbliga talvolta le Donne a dei processi di ingegnosità per arrivare ai loro fini senza cadere nelle pastoie burocratiche.

Una semplice dichiarazione sull'onore, scritta dalla mano della Mamma, Sorella, Concubina, Tutrice o Maestra, indicante, in coscienza, la data e la ragione della sua decisione dovrà essere ampiamente sufficiente per giustificare moralmente e amministrativamente questo atto coraggioso. Noi ci potremmo rapidamente sbarazzare di tutti i maschi in cattivo stato fisico e psicologico che ci occupano e, per altro, i posti liberati potranno servire precisamente alle Donne e naturalmente, in primo luogo, a quella che avrà praticato l'atto di Eutanasia creatore di impiego.

II – Per un inquadramento militare, poliziesco e penitenziario esclusivamente femminile.

Che gli uomini, erano i soli ad andare al fronte in tempo di guerra durante i quali le Donne continuavano a gioire di vita, tra di loro o con quelli restanti, è un principio civico e sociale elementare che nessuno si sogna di mettere in discussione Tuttavia è probabile che i nostri valenti soldati sarebbero più efficienti se fossero subordinati esclusivamente a degli ufficiali o sottoufficiali di sesso femminile, sia durante le operazioni a terra o come pure durante il servizio di leva obbligatorio.

Molteplici elementi ci mostrano gli incontestabili vantaggi che risulterebbero da una reale supremazia femminile nel corpo militare

1- Il servizio nazionale.

Inizialmente , psicologicamente, l'adolescente chiamato sotto le armi ammetterà ben più facilmente un potere femminile che realizzerà una continuità tra l'autorità materna di cui il fanciullo si vede privare durante questo periodo, e il potere assoluto della autorità che verrà presto esercitata, dalla sua Maestra alla quale sarà dato con il matrimonio. Passare dalla tutela del Madre a quella della Sposa per l'intermediario di autorità pseudo-virile è una di queste aberrazioni alle quali ci hanno abituati gli uomini nei settori dove essi predominano ancora. Senza dubbio, è a causa di questa stupidità che tante coppie si vedono oggi distrutte dal divorzio, l'uomo avendo momentaneamente perduto i valori dell'autorità femminile e immaginandosi maschilisticamente "disonorato" sottoponendosi di nuovo ad una Donna.

Nel servizio militare, quattro tipi di insegnamenti sono diffusi e ciascun di essi è utile da essere inculcato nelle giovani reclute dalle ufficiali donne.

a) Il maneggio delle armi.

Le donne a causa della loro intelligenza più sintetica e della loro destrezza naturale, sono più adatte a comprendere e dunque ad insegnare, le delicate manovre che richiedono i meccanismi dalle armi a fuoco. D'altra parte, l'arma da fuoco, mortale, maneggevole, e affascinante è perfettamente utilizzabile anche da molte giovani figlie le quali, fin dai tempi che noi viviamo, ne hanno ben più bisogno di qualche maschio fanfarone.

b) La forza fisica.

Una donna, meglio di chiunque, sa quali sono i lavori che ella deve assegnare al suo o ai suoi compagni sottomessi, tanto gli schiavi volontari, i servitori, gli amanti o i semplici mariti, e a quali sforzi ella deve sottometterli per un buon rendimento. In definitiva la forma fisica degli uomini (i quali finalmente la curano servire al meglio le loro compagne intellettualmente privilegiate) è interesse delle donne ed è ben naturale che quest'ultime dirigono con mano di ferro i diversi esercizi corporali obbligatori dei loro subordinati.

c) L'attribuzione e la sorveglianza di corvè.

In tanto che la Maestra di casa (o futura Maestra di casa, che si tratti di una giovane figlia recentemente ingaggiata), la donna sottoufficiale che si vedrà incaricata della distribuzione e del controllo delle corvè avrà a cuore di iniziare i soldati a tutti i compiti ingrati e domestici che li attendono all'inizio della loro vita coniugale o loro entrata al servizio di una Maestra. Sicuramente la superiore ginarchica di ciascuna giovane coscritta penserà al futuro bene essere di tutte le giovani donne che raccolgono i frutti della sua necessaria severità.

d) l'apprendimento della docilità.

Il servizio militare è il momento privilegiato dove il giovane chiamato "diviene un uomo" secondo .'espressione consacrata., cioè il momento dove egli apprende realmente e concretamente a obbedire.

Le donne sono certamente interessate, prima di tutte a che questo apprendimento maschile di base sia il più completo possibile. Perché sicuramente, queste sono quelle che ritireranno più tardi i vantaggi di un buon addestramento dei loro compagni di sesso inferiore E' dunque un bene che esse sorveglino coscienziosamente e dirigano con fermezza questa seconda educazione maschile.

Le Donne Ufficiali, in particolare, non dimenticheranno di utilizzare le diverse pene che le armi mettono a loro disposizione per matare le teste dure, sapendo che le punizioni inflitte intelligentemente , ma talvolta ingiustamente, aiutano enormemente a forgiare caratteri disciplinati e docili che amano incontrare in seguito.

2) Il ruolo delle donne ufficiali in tempo di guerra.

La guerra, se si deve avere guerra, non può essere che cichiarata dalla Donna.

Ella soltanto può coscientemente giudicare in merito

all'opportunità del sacrificio di un soldato anziché dell'altro. Poiché la Donna dona la vita, soltanto Lei è moralmente legittimata a decidere del destino dell'uomo la cui missione naturale è sacrificarsi per Lei.

E' evidente che una Donna Ufficiale inviando un soldato alla morte avrà pesato saggiamente il pro e il contro e misurato umanamente le conseguenze della sua decisione, tanto più che una Donna sa meglio di chiunque a cosa possano servire degli uomini validi e ben addestrati. Infine, è nella natura dell'uomo di sacrificarsi per la Donna e questa, dando un ordine pericoloso e perfino inviando esplicitamente un uomo alla morte, ha molte più chanches di un militare uomo di essere obbedito senza proteste.

3) Polizia e prigioni.

In certi stati degli USA è già da alcuni anni che si confida su volontarie donne la guardia dei detenuti maschi ivi compresi i quartieri di Alta Sicurezza Nel rapporto recente sulle prigioni americane si può ascoltare testimonianze di varie Sorveglianti penitenziarie. Se una guardiana confessa di esercitare la sua autorità su dei delinquenti maschi con una gioia che dividono sovente con i suoi prigionieri, un'altra riconosce di abusare talvolta del suo poteresti più duri dei detenuti della prigione e provare pisciare di questo abuso. Nel Braccio dei condannati a morte, delle andate e venute femminine, anche spinte talvolta da qualche brutalità necessaria verso quelli più recalcitranti, sono un sollievo, per questi, in seguito a delle azioni imperdonabili devono finire presto la vita e un sorriso femminile, anche ironico apporta sempre un po' di dolcezza agli ultimi minuti del condannato.

La polizia ugualmente guadagna molto dalla progressiva femminilizzazione in corsa. Le Donne, più comprensive, hanno dei migliori rapporti con la popolazione civile .

Quanto ai delinquenti, più o meno sempre alla ricerca di una repressione materna, cedono molto meno facilmente alle ingiunzioni di poliziotti maschi che a quelle di giovani poliziotte che incontrano, autorizzando subito quest'ultime a mostrarsi molto più intransigenti e anche terribilmente più efficaci.

Sempre più i poteri in piazza (di giorno in giorno più femminili, è vero) scelgono le Donne per inquadrare i loro eserciti, la loro polizia e le loro prigioni.

Quasi sempre i soldati di leva del mondo occidentale sono ormai sottomessi, in un momento o l'altro del servizio militare ad una autorità femminile, lo stesso per delinquenti e i detenuti. La maggior parte di queste giovani figlie volontarie, a causa della loro superiorità naturale, sono quasi tutte incorporate a dei gradi o degli scalini superiori della gerarchia militare, poliziesca o amministrativa. E' per questa ragione che i giovani soldati di leva e molti dei delinquenti hanno relativamente pochi rapporti con il sesso superiore devono subire più spesso la triste autorità di maschi falliti

Ma per fortuna, il giovane soldato, il detenuto o il malfattore ha occasione di incontrare qualche volta, nel corso di esercizi o nei corridoi del quartiere delle Ufficiali, una di queste Donne che indossa non solamente la sua autorità femminile innata, ma anche quella che le procura la sua uniforme e suoi gradi. Allora timidamente il giovane militare come il vecchio prigioniero di diritto comune, rettifica la posizione, si mette sull'attenti, la saluta con rispetto e si ritrova al settimo cielo quando ella le rende il suo saluto. Tirando fuori la sua intenzione di sorridere ad un superiore e essere accondiscendente.

III - *La Ginarchia e il pieno impiego*

1 – Lo SLORIM (servizio di lavoro obbligatorio dei richiedenti di impiego maschili)

a) Un aiuto per le giovani celibi attive.

La maggior parte delle elettrici europee sono favorevoli ad alcune misure governative drastiche in favore del pieno impiego e contro lo scialo di assegni di disoccupazione. Anche le ginarchiste sono d'accordo. In particolare, la Ginarchia internazionale a proposito dello SLORIM (servizio di lavoro obbligatorio dei richiedenti di impiego maschile) beneficia di una assai forte simpatia, tanto dalla parte dei contribuenti le cui imposte servono alla indennizzazione dei disoccupati che quelle delle donne sole in attività, prime beneficiarie di questa futura misura.

Ricordando che si tratta, in tutto il mondo, di costringere i richiedenti di impiego maschili, in cambio di assegni che percepiscono dallo Stato, ad un periodo di lavoro obbligatorio, da un minimo di circa 30 ore settimanali, che dovranno effettuare al domicilio e sotto l'autorità di una donna sola, celibe e attiva professionalmente. Queste prestazioni possono essere di tutti i tipi, comprese quelle puramente domestiche ed offriranno l' immenso vantaggio di evitare l'ozio talvolta pericoloso dei giovani disoccupati e dinamizzando la promozione dell'indipendenza e del lavoro delle donne

b) Una soluzione al divorzio dei disoccupati.

Sicuramente malgrado le eccellenti fondamenta di questa futura legge, sarà senza dubbio difficile evitare alcuni abusi. Certe direttrici di agenzia locali per l'Impiego non mancheranno di utilizzare i loro poteri legali, non solamente per usare personalmente i servizi dei migliori richiedenti di impiego maschile, questo è relativamente naturale e non porterà a non molte conseguenze, ma è ancor più vero punir la maggior parte dei disoccupai divorziati la cui gestione di indennità e di lavoro incomberà su loro.

Di fatto, è probabile che certe dirigenti di questa organizzazione, ginarchista convinte o convertite, faranno un piacere ad affidare a tutte le donne divorziate e facenti domanda dell'ex marito (in modo da ottenere i benefici di un assegno di disoccupazione) per effettuare presso la sua ex sposa tutti i lavori domestici o altri che lei domanderà di eseguire.

Queste nuove relazioni tra l'ex-marito subordinato ad una ex sposa divenuta sua padrona avranno certamente dei risultati di fatto positivi. Certe donne approfitteranno della loro nuova autorità per riconquistare un marito volubile e altre più calcolatrici, per instaurare un tale rapporto di forza in loro favore che il disoccupato verrà così obbligato sottomettersi a vita alla sua nuova datrice di lavoro, per le loro più grande e mutua soddisfazione.

Anche grazie allo SLORIM molti trovandosi

nell'occasione di trasformare il loro ex marito in domestico, non si accontenteranno probabilmente di ciò, e procederanno giorno dopo giorno ad una dimostrazione psicologica e sistematica dell'essere fallibile e inferiore che la legge avrà rimesso nelle loro mani.

Molti di questi maschi diventeranno dei burattini nelle mani di una donna sposata per caso e incidentalmente ingannata. Essi diventeranno verosimilmente loro schiavi e accetteranno rapidamente , dopo un condizionamento ginarchico minimo, di restare in modo permanente al domicilio della loro nuova padrona e senza limitazione dei loro tempi di lavoro. Mettendo totalmente a vantaggio la loro superiorità sociale e psicologica sul loro ex sposo, le divorziate potranno facilmente percepire, sul loro proprio conto in banca e in tutta legalità la totalità degli assegni di disoccupazione del loro docile servitore.

E' se dei vecchi amici del nuovo domestico, con l'autorizzazione divertita della sua padrona cercheranno di far ragionare il maschio neo sottomesso, questo in virtù di un trattamento psicologico ginarchicamente efficace, egli confesserà senza alcun dubbio di essere pienamente cosciente del torto che commesso alla sua ex donna divorziandosi e fortemente preoccupato di fare del suo meglio per riparare.

Infine, molto soddisfatto della sua sorte, egli si scoprirà infine che il suo vero posto è restare al suo servizio personale Quanto alla nuova datrice di lavoro del "senza impiego", ella ne potrà a sua volta incantata dal suo servitore e loro nuovo rapporto, molto più conforme ai loro temperamenti reciproci che una unione superficiale e sterile. Le direttrici delle agenzie per l'impiego saranno anche estasiate dall'andamento degli avvenimenti e si

sentiranno certamente come delle fate che ridanno la vita
a delle coppie disunite ...

c) Verso il pieno impiego dei maschi.

Inoltre, molto rapidamente, facendo astrazione del caso
speciale e particolarmente proficuo dei disoccupati
divorziati, i maschi celibi, in particolare i giovani, saranno
formati senza problemi dalle loro giovani padrone, poi
probabilmente riciclati negli impieghi di servizio, se
tuttavia (e come probabile nella maggior parte dei casi)
essi non preferiscono mantenere i loro assegni e il loro
lavoro di servitori personali di una giovane donna di cui
potrebbero con profitto contribuire alla riuscita personale
o, più o meno, al conforto e al benessere che ella merita
naturalmente

Fino a che essi attenderanno l'età ufficiale di entrata
nella vita attiva, i giovani maschi saranno molto veloci e
nella totalità affidati ai compiti che a loro convengono.

Quelli che non troveranno posto nelle fattorie e/o
stabilimenti di produzione, di trasporto e di
manutenzione, se verranno da una parte debitamente
retribuiti e dall'altra parte utilmente assegnati al servizio
di qualche giovane donna quadro di industria o
amministrazione, perfino semplicemente in attività di
artigianato, commercio o una professione liberale.

2 – Le fattorie maschili.

La tecnologia moderna, ancora mal sviluppata a causa di
alcuni direttori maschi ancora al loro posto di potere,
permetterà alla Ginocrazia di procedere facilmente

raccogliere grandi concentrazioni di popolazione maschile. In effetti la tecnica, già messa a punto, dell'impianto elettrocelebrale, rende di fatto possibile la sorveglianza di molte centinaia di lavoratori da una piccola equipe di una dozzina di Sorveglianti sufficientemente equipaggiate.

In un primo tempo, un micro emettitore numerico sarà impiantato, dopo una trapanazione benigna , nel cervello di ciascun maschio da sorvegliare elettronicamente. Questo impianto, dotato di un codice personalizzato sarà reperibile con un radar parabolico in un raggio di molte decine di chilometri.

Su ciascun monitor [99] che visualizza l'immagine radar, le Sorveglianti avranno una vista precisa della posizione geografica di ciascun micro emettitore, di ciascun maschio, e grazie al codice applicato sui loro crani della personalità di ciascun degli elementi maschi che si trovano in un tale posto.

E quindi senza mettere in pericolo il resto della società ginarchica si potrà procedere a dei grandi raggruppamenti di maschi, in particolare nelle zone rurali dove sono necessari nel quadro di una politica di produzione agricola, estensiva ed ecologica di qualità. Si potrà anche isolare nelle vaste fattorie, un po' ad esempio dei kolkhozes sovietici, anche gli operai agricoli selezionati dalle orientatici professionali i maschi refrattari alla ginarchia e presi dalla giustizia.

Il computer della Fattoria maschile rimpiazzerà vantaggiosamente la sorveglianza ravvicinata, talvolta pericolosa per le guardiane.

Dei messaggi di ordine numerico [100] saranno diffusi ai maschi durante la loro giornata lavorativa per mezzo di alto parlanti situati su tutta l'estensione della Fattoria. I loro spostamenti saranno visibili in permanenza sul monitor e registrati quotidianamente. Il controllo del lavoro effettuato sarà fatto con circuito video dappertutto dove sarà possibile (nei granai e nei laboratori e per verifica diretta delle sorveglianti (dopo la rientrata dei maschi nei loro stabili) la dove il controllo video è difficile, nei campi in particolare.

Dopo, con il suo computer, una sorvegliante qualificata dovrà poter dirigere un migliaio di maschi, tanto spedendoli verso il tale o talaltro campo, tanto riportandoli verso le docce collettive, i refettori o i dormitori. Nello stesso modo, equipaggiate di armi sofisticate che la loro professione esige e disponendo di un veicolo speciale e/o di un piccolo elicottero ben attrezzato, una o due Sorveglianti solamente possono incaricarsi della repressione e di eventuali interventi necessari per i maschi troppo parassiti e in caso di infrazioni con al regolamento.

Infine una o due donne supplementari dovranno essere sufficienti per gestire la vita quotidiana della corte maschile (comande e distribuzione della alimentazione, sorveglianza, ritiro o eliminazione degli elementi perturbatori ecc.) In totale, dunque, tenuto conto del periodo massimo di lavoro femminile raccomandato dalle Ginarchista [101] (3 x 6 ore settimanali), due o tre equipes di 6 sorveglianti sarà ampiamente sufficiente per dirigere una Fattoria di un migliaio di teste [102].

Evidentemente, nelle nostre Fattorie, per evitare la depressione dei maschi, frequentemente conseguente a una quasi assenza femminile, e per sedar l'aggressività maschile che non può essere temperata che dalle Donne, la corte di lavoratori dovrà vivere al centro di un ambiente materiale esclusivamente femminile e essere immerso continuamente in una femminilità ambientale onnipresente. Le voci degli alto parlanti, come abbiamo già visto, saranno naturalmente femminili e suggestive ma anche la decorazione dei tavoli e dei diversi altri luoghi di vita dei maschi dovrà esser realizzata unicamente con dei ritratti di Donne, delle illustrazioni ginarchista, dei grafici che mettono in risalto la Femminilità regnante.

Le distrazioni (essenzialmente audiovisive) dei maschi dovranno essere totalmente basate sulla Donna : studi sulla psicologia o la sessualità femminile [103], documentari sulla vita quotidiana delle Donne, nel sistema ginarchico, biografie di Donne celebri o anonime, films che danno valore alle realtà femminili di oggi, il progresso del livello di vita delle Donne ecc.

Anche, possibilmente e senza storie, senza spese pubbliche eccessive e senza mobilizzare troppi buoni volontari femmina, i maschi degenerati, refrattari o condannati potranno accedere utilmente al conforto delle loro compagne e alla loro buona alimentazione contribuendo efficacemente alla soppressione della disoccupazione.

3 - la settimana femminile di 3 giorni.

Piuttosto che sprofondare in polemiche interminabili sulla riduzione dei tempi di lavoro diminuendo qualche ora settimanale, (alcuni prendendo a pretesto l'impossibilità di questa riforma e altri optando per una settimana aperta di 39, di 37 e perfino di 35 ore), il pensiero politico ginarchista apporta delle proposte nuove e delle soluzioni in cui la logica deve mettere d'accordo tutti i politici reazionari e pseudo rivoluzionari.

La riduzione dei tempi di lavoro deve evidentemente dare vantaggio in primo luogo e a pieno diritto alla frazione di popolazione che ne ha più bisogno e che potrà meglio utilizzare questo tempo libero supplementare, cioè, le donne.

Esse hanno la responsabilità dell'educazione dei fanciulli e la società deve loro il primato socio-politico, le donne sono le più adatte ad approfittare intelligentemente e fruttuosamente delle due giornate settimanali che potrà derivare da una diminuzione ragionata dei tempi di lavoro.

Per cui è inutile diminuire l'orario di lavoro di tutti ! E' davvero una cosa semplicemente impossibile, tenuto conto dei molteplici punti di vista che si affrontano in questo affare.

Infatti si tratta semplicemente, senza nuocere alla produttività necessaria del paese, di creare dei nuovi impieghi con la riduzione della durata del lavoro su certi posti.

La soluzione è di creare due tipi di settimane di lavoro, l'una riservata ai maschi e strettamente inquadrata orientata verso la produttività e il rendimento , l'altra riservata alle Donne e liberata al massimo dalle costrizione socio-professionali che devono essere basati sull'educazione, al cultura e i tempi.

La Ginarchia propone dunque, in un primo tempo intermedio, di combinare una settimana produttiva detta maschile di 5 giorni pieni con una settimana detta femminile di 3 giorni modulabili. Il tempo libero

accordato alla donne permetterà, parallelamente
all'apprezzabile tempo di riposo di cui beneficeranno per
i loro fanciulli, gli affari pubblici e il loro sviluppo
personale, di programmare una assunzione massiccia di
inattivi, scelti naturalmente tra i disoccupati maschi di
lunga durata e i giovani, come pure la risoluzione dei
problemi settoriali e/o locali che rischierebbero di
ostacolare l'instaurazione ufficiale della settimana
femminile di 3 giorni.

Bisognerà senza dubbio costruire un sistema
temporaneo di compensazione che permetterà alle
imprese o amministrazioni di portare la settimana
maschile a 6 o 5 giorni di lavoro misura che non sarà
sicuramente provvisoria .

Ma durante questo periodo di adattamento inevitabile,
la disoccupazione si assorbirà, tutti gli inattivi
ritroveranno man mano lavoro gratificante, e
parallelamente le donne potranno approfittare del tempo
libero rilasciato dal loro impiego, per migliorare non
solamente il proprio confort, ma anche quello della
famiglia di cui Esse hanno il carico e dell'ambiente socio
professionale nelle quali esse evolvono.

Inoltre, lo si vede, con qualche misura semplice ed
efficace (alle quali si aggiungeranno queste, viste sopra,
concernenti l'Insegnamento e il diritto all'eutanasia dei
maschi [104]), la Ginarchia risolverà la maggior parte dei
problemi sociali e umani, ivi compresi i più cruciali della
nostra epoca, che rendono la vita delle Donne impossibile
a cominciare da questa vera "lebbra" : la disoccupazione.

LA GINARCHIA

IV - Ginarchia e Spiritualità : Deificazione della Donna e reificazione del maschio.

1 - Lo schiavo maschio : animale, vegetale o minerale ?

Le Donne dominanti, proprietarie di uno o più schiavi hanno sovente una visione troppo sommaria della psicologia dei maschi che le servono.

Certo il sottomesso maschio ha una psicologia rudimentale che è simile più all'animale che all'essere umano. Si educano come un asino con la carota ed il bastone, si addestra con lo scudiero addestra il suo cavallo da circo, lo si fa agire per riflesso condizionato come i cani di Pavlov. Tuttavia il suo sistema di pensiero merita qualche analisi, anche breve e succinta che essa sia.

La Maestra ha la tendenza (questa è una reazione molto normale, deve iniziare a prendere l'abitudine della sottomissione dei maschi) ad assimilare i loro schiavi ad un oggetto, a un robot domestico denudato di sensazioni e di psicologia.

Benché sia senza dubbio un errore scientifico *(105)*, questa propensione naturale delle Maestre a considerare così i loro sottomessi può giustificarsi anche sia filosoficamente che psicologicamente. Noi abbiamo visto sopra che il sottomesso deve interiorizzare i gusti e le idee della sua Maestra tentando al massimo di approcciarsi ad essa con immaginazione costante, e in tempi reali, alle sensazioni della Donna superiore di cui egli non può avere naturalmente la benché minima idea. Questo sorpasso al quale il sottomesso deve essere costretto in permanenza, per tendere verso l'ideale femminile, al quale egli non può pretendere, può ugualmente essere trasceso in una progressiva rinuncia cognitiva.

Il suo stato ibrido, a mezzo cammino tra l'essere animale e la Donna è sovente molto scomodo per il maschio. Il suo spirito teso verso le sensazioni sconosciute e al di fuori da ciò che provano le Donne superiori, e la sua Maestra in particolare, i lavori che effettua quotidianamente per Lei e l'adorazione che egli vota in silenzio, l'aiutano a vivere la sua inferiorità naturale e il suo destino servile. Ma ecco, che può non bastare a farli dimenticare la sua profonda inutilità. E' per questo che sotto la spinta di una Maestra un po' psicologa, qualche volta, con qualche pulsione personale, si può impiantare presso lo schiavo un vero processo di reificazione.

Esistono, apparentemente tre grandi tappe di questa interessante « oggettivazione del maschio » :

a) l'ancoraggio immobiliare.

La prima è una qualche sorte « immobiliare ». Il sottomesso entra in una casa o appartamento al quale va ad essere legato (in senso figurato, ma sovente anche in senso proprio).

Egli appartiene alla dimora della sua Maestra tanto che ad Essa stessa. L'orizzonte della sua vita (la quale è divenuta per natura essenzialmente domestica) è limitata dai suoi muri, uno dei compiti principali che egli deve adempiere è vegliare la proprietà e l'accomodamento di tutto ciò che malfermo o guasto entro i suoi muri. La sua identificazione con lo spazio immobiliare del quale egli è posto, al quale talvolta è incatenato definitivamente [106], è un primo passo di reificazione del sottomesso maschio.

b) Il transfert mobiliare.

La seconda tappa è "mobiliare". Il maschio attaccato ad un luogo, di cui la funzione principale è di vegliare alla manutenzione di questo e di ciò che esso contiene, talvolta a causa del modo in cui è trattato o semplicemente ignorato dalla popolazione femminile che egli deve servire o anche molto spesso, grazie ad una coscienza acuta della sua inferiorità naturale, sente oscuramente che egli è utilitariamente molto più prossimo ai mobili della casa che alle Donne [107]. D'altronde, egli accetta facilmente (per fino apprezza nei suoi primi giorni di asservimento) di essere utilizzato lungamente come non importa quali altri mobili della sua Maestra.

Ma gli altri mobili, che sono in definitiva i suoi principali compagni, possono divenire dei rivali. Un buon sottomesso utilizzato come posa piedi da una Donna avrà a cuore di restare almeno così stabile che un volgare sgabello di legno. Egli sarà offeso di vedersi preferire dal suo compagno di essenza vegetale ! Come pure, egli si mostrerà fiero di poter, contrariamente al suo confratello attaccapanni, avanzare fino a che Essa avrà sospeso, per esempio, i suoi abiti da pioggia e il suo cappello ai suoi bracci tesi o sotto la sua testa. Poco a poco, questa funzione mobiliare del maschio deve prendere il passo su tutte le altre funzioni più animalesche fino a per esempio, non più credere che egli è uno schiavo in procinto di lavare la biancheria della sua Maestra ma essere una lavatrice perfezionata.

c) L'assimilazione all'oggetto.

Infine, feticismo contribuendo, lo schiavo si mette sovente ad invidiare poi gelosamente i vestiti o i sotto abiti della sua Maestra, soprattutto quando questa lo ha interdetto dal contatto diretto con il suo corpo divino. Durante la lisciva a mano di un reggiseno o di una mutandina, o il ripasso meticoloso di una veste, il maschio sottomesso immaginerà che questa graziosa lingerie, incollata alla pelle della sua Maestra, sfiora senza sosta il suo corpo e le sue forme, si impregna del suo profumo e del suo odore intimo, tutti piaceri a lui interdetti. Anche apprezzerà tanto più la scelta che la Donna può fare, di scegliere un armadio a muro come luogo di rimessa del suo schiavo.

I piani superiori di questo armadio a muro saranno riservati agli abiti, sottovesti o scarpe della sua Maestra, il piano inferiore assegnato al maschio per i suoi periodi di riposo o quando la sua presenza è indesiderabile nei pezzi residenziali delle Donne. Lentamente ma ineluttabilmente, il soggetto sottomesso diventerà oggetto o cosa utile. Il processo di reificazione è completato.

Oggetto "pensante", certo ma comunque oggetto, il maschio guadagna a essere molto rapidamente assimilato al resto dell'arredamento della sua Maestra.

Tutto ci guadagna in chiarezza nei rapporti Donna /uomo (o Maestra/schiavo)

      Un posto per ogni cosa, ogni cosa al suo posto, detto della saggezza popolare.

La Donna dominante avrà a cuore di far penetrare questa massima in ciò che serve del cervello del suo schiavo facendoli ben comprendere che egli è divenuto realmente cosa sua e che dovrà restare definitivamente al suo posto di "cosa" per lasciar vivere le Donne al posto di Donne.

2 - Ulteriore procedimento di reificazione maschile : i comandi ON/OFF e STAND/BY sullo schiavo

E' di grande importanza, per una buona coabitazione con il suo schiavo , che la Maestra inventi e imponga un codice, rafforzato talvolta da un rituale di applicazione pratica, permettendole di mettere il suo sottomesso "fuori servizio" durante i periodi in cui ella non ha più bisogno di lui o quando la sua presenza la importuna.

Con la maggior parte dei sui servitori gestiti elettricamente o elettronicamente, la Donna dispone essenzialmente di uno o due comandi, sottoforma di interruttori o di bottoni da premere generalmente segnalati con le scritte ON/OFF o I/O.

Nulla di ciò con il suo schiavo naturale, l'uomo.

Quando nostra madre natura ha partorito il maschio, per assistere la sua compagna superiore, sfortunatamente, non ha previsto di incastrare un tale meccanismo sulla fronte o dietro la nuca di questo. La Donna deve dunque creare un dispositivo speciale per provocare dei risultati similare o identici nel suo servitore umano.

In assoluto, nulla impedisce la Maestra di tatuare (o di far tatuare) su un posto scelto sullo schiavo, un facsimile di interruttore elettronico, provvisto o no dell'iscrizione ON/OFF o di termini chiari equivalenti. Insieme alla direttiva in seguito donata al maschio di procedere immediatamente appena l'estremità del dito di una Donna sfiora questo punto del suo corpo, di mettersi in moto (per esempio, Esso si dirige verso la sua nicchia, il suo armadio a muro o il posto a cui è assegnato, si posiziona secondo le consegne date dalla sua Maestra e vi dimora immobile e silenzioso fino ad un nuovo contatto del dito femminile sullo stesso posto).

Questa pratica ha il vantaggio, per le Donne che non amano complicarsi la vita, di uniformare le procedure di messa in marcia di tutti gli apparecchi di cui si servono.

In più accelerando il suo processo di reificazione, Essa conforta il suo sottomesso del suo stato di cosa e lo persuade sempre di più, se ciò è ancora possibile, della sua natura di oggetto posseduto.

Ma, piuttosto che rendere funzionale i loro schiavo con un dispositivo o un tatuaggio di questo tipo, per ragioni estetiche o di pudore, certe preferiscono usare oralmente un termine codificato ("connessione/deconnessione", per esempio, o in inglese "slave on/slave off") la cui ricezione della parte utile del cervello dello schiavo, attraverso il suo canale uditivo, produce un effetto similare.

Ciò risparmia il fare un tatuaggio, ma presenta l'inconveniente di dover sempre indirizzare ordini verbali al suo schiavo, con il pericolo che quest'ultimo a dimentichi sovente che il suo stato presso le Donne è unicamente quello di oggetto.

Evitiamo poi di commentare una decisione, apparentemente estrema ma soprattutto assai complessa da realizzare correttamente, di una Maestra lesbica che, desiderosa di togliere tutto il carattere umano al loro schiavo maschio, vi ha fatto tatuare sul tronco dei tasti "tatto sensitivi" corrispondenti a tutte le funzioni domestiche che esse gli ha attribuito.

Se, durante i primi giorni lo schiavo si è trovato obbligato a guardare probabilmente dove si posava l'indice della sua Maestra per sapere ciò che e si attendeva da lui, molto rapidamente, in seguito, delle reazioni riflesse del tipo pavloniano (perché all'inizio i suoi errori erano sanzionati sistematicamente) debitamente assimilate dal suo inconscio, hanno rimpiazzato qualche secondo di riflessione.

A seguito di tutto il digitamento dell'indice sul tale o talaltro tasto funzionale disegnato sul suo tronco, lo schiavo si mette istantaneamente in servizio per il compito che si attende da lui. Non è irragionevole pensare che , presto, con qualche elemento maschio subordinato di grande capacità di memoria tutte le donne possano programma il suo schiavo, anche su più giorni ! Tanto il progresso tecnico psicologico rende possibile con un po' di immaginazione e di saper fare , non si può che lasciare sognare le maestre Moderne che hanno a cuore di migliorare il loro conforto.

Insieme al comando ON /OFF del suo (o dei suoi schiavi, la Donna dominante deve prevedere imperativamente un comando STANDBY.

In effetti, il maschio potrebbe essere disattivato temporaneamente per un periodo corto, senza che per tanto sia necessario riporsi nel suo spazio riservato, sovente di difficile accesso o lontano da luogo di vita della (o delle) Maestra (e).

Il comando dello schiavo (o il tasto "tatto-sensitivo"

tatuato sul suo corpo) deve solamente corrispondere a una posizione data (in generale in ginocchio e a testa abbassata), a una immobilità totale e a un silenzio assoluto. Questo comando è molto pratico in caso di colpo di telefono o della visita imprevista e in qualche altro migliaio di casi.

La Donna che domina bene queste due funzioni passive del suo sottomesso guadagna molto tempo e evita un buon numero di inconvenienti quali presenza inopportuna, rumori casalinghi sgradevoli ecc. Un solo inconveniente per la Maestra : ella può arrivare a non sapere o non ricordare in quale parte della casa ella ha deconesso il suo sottomesso. Fortunamente questo caso resta assai raro.

3) Deificazione femminile.

La reificazione progressiva del maschio in un sistema ginarchico è il corallario obbligato della naturale deificazione della Donna che accompagnerà inevitabilmente la presa di potere definitiva di questa.

Dalle origini, la Donna è stata deificata, la Dea Madre è la prima e sola vera divinità possibile e convincente per lo spirito umano. Il celebre testo di Simone de Beauvoir, lo esprime bene :

"Essa è la regina del Cielo, una colomba la raffigura; Essa è anche imperatrice degli inferi, Essa in sorte strisciando e il serpente la simbolizza.. Essa si manifesta nelle montagne i boschi, sul mare nelle sorgenti. Dappertutto Essa ha creato la vita; se Essa muore, resuscita. Capricciosa, lussuriosa, crudele come la Natura, alle volte propizia e terribile. Essa regna su tutta l'Egide sulla Frigia, la Siria, l'Anatolia, su tutta l'Asia occidentale. Ella si chiama Ishtar a Babilonia, Astarte presso i popoli semitici e i greci, Gea, Rea o Cibele; la si ritrova in Egitto sotto i tratti di Iside, le divinità maschili sono a Lei subordinate [108].

Le Donne nella Ginarchia, in quanto Donne, avranno ben inteso la tendenza ad auto divinizzarsi, a considerare se stesse come il principio motore del Mondo e della Società.

L'amore lesbico che, si è visto diventerà rapidamente la tendenza corrente, poi la regola generale faciliterà molto presto questo timore divino della Femminilità.

Il maschio, progressivamente oggettivizzato dalla società femminile a cui apparterrà, avrà anche lui la tendenza a considerare tutte le donne, giovani o vecchie, belle o brutte, come una Dea da credere e venerare devotamente. La sua sottomissione non sarà che assoluta e spiritualmente giustificata.

La Ginarchia, allora, non sarà più solamente un sistema socio politico femminile perfettibile poiché trascendente umanamente ma anche, poiché legato sia al terreste che al divino, un vero ideale universale.

Conclusione

La Ginarchia, una utopia realista

La Ginarchia è dunque una utopia realista e realizzabile.

Le Donne la instaureranno nel corrente XXI secolo utilizzando le quattro referenze che noi abbiamo sinteticamente sviluppato.

Nel passato, nel quale l'Umanità non aveva come principale riparo che la Natura e l'Autorità naturale delle Madri e delle Donne, viveva in pace e in armonia.

L'avvento del patriarcato ha immerso il mondo nel caos e nella guerra. La presa di potere del maschio è stata seguita immediatamente dalla instaurazione delle ingiustizie e dalla miseria.

E' dunque solo attraverso il ritorno alle sorgenti della Natura, al potere femminile naturale, che si deve e si può completare la rigenerazione del genere umano.

Il mondo, nato dalla Donna, deve ritornare umilmente verso di Lei per un saluto.

La filosofia ginarchista è moderna e pragmatica.

Più logica di tutti gli altri sistemi di pensiero, perché eterna. La concezione del mondo che veicola la Ginarchia è risolutamente positiva, va verso un avvenire felice e possibile, dove anche gli uomini godranno con fortuna i dovuti frutti della loro sottomissione all'albero maestoso della femminilità trionfante e onnipotente. Il maschio, ormai condannato a vivere nell'ombra della Donna, ritroverà nella sua abnegazione, il suo benessere naturale di schiavo senza responsabilità.

L'avvenire, infine, è risolutamente femminile. L'uomo prende sempre più coscienza delle sue tare, ogni giorno che passa crede un po' più nel divario tra la Donna e l'uomo la cui degenerazione diviene visibile ai suoi stessi occhi.

Il programma politico che propone la Ginarchia per un reale rinnovamento sociale è insieme semplice, rivoluzionario, pieno di buon senso e molto lontano da tutta la demagogia politica.

L'avvenire è ginarchico, non lo si può ignorare, ma resta da far passare questo messaggio sottoforma scritta e militante, di ciò che noi abbiamo provato a fare del nostro meglio.

Donne in tutto il mondo, unitevi!
Abbiamo già iniziato la sottomissione del maschio.
Il nostro regno finalmente arrivato.

GINARCHIA VIVE!

LA GINARCHIA

Note

1. Jan Jakob BACHOFEN (1815-1887), antropologo e giurista svizzero, ha studiato specialmente il passaggio del matriarcato primitivo al patriarcato, nel *Diritto Delle Madri*, 1861, ed *Il Matriarcato* (Cf. Biblioteca di strada statale sotto il n° 8°R44461).

2. *Il Secondo Sesso,* Parigi, Gallimard, 1949.

3. *Ibid.*

4. Leggere *Le Donne Prima Del Patriarcato*, Parigi, Payot, 1976, così come *Il Femminismo O la Morte*, Parigi, pietra Horay, 1974.

5. Leggere *Amazzoni, Guerriere E Vigorose*, Grenoble, stampe universitarie di Gronoble, 1975.

6. L'etimologia della parola è contestata. Se la radice significa, in greco antico, seni, o mammelle, il prefisso pone un problema. Cioè esso agisce sia da privativo (la leggenda narra che le amazzoni si tagliavano o si comprimevano il seno destro per tirare meglio con l'arco) sia da accrescitivo (le amazzoni erano anche rinomate per loro grande bellezza). Altre etimologie sono state avanzate, tra queste: le donne al seno velato (un solo seno visibile), le donne mangiatrici di carne (non vegetariano o cannibale), le donne dalla cintura (di Arès), le donne che si amano tra loro (lesbiche) , eccetera.

7. La Libia, all'epoca di Diodore, rappresentava quasi tutta l'Africa del nord, si può dunque situare lì, senza troppo dilungarsi in storie immaginarie, un territorio di limitato, al nord dalle montagne dell'Hoggar (dove permangono numerose tracce di matriarcato, dai tuareg in particolare, dove la nobiltà si trasmette per le donne), alla Cirenaica, attuale Libia, fino all?Etiopia, ed al sud-ovest per il golfo di Guinea (che confina con l'ex-Dahomey dove, all'inizio del secolo, sussisteva ancora un esercito di amazzoni).

8. Le numerose regine abissine e le amazzoni dell? Eritrea provano ugualmente una realtà storica matriarcale in Etiopia.

9. Heinrich Von Kleist ha riequilibrato il mito nel suo *Pentesilea* (traduzione di Giuliano Gracq, Parigi, José Corti, 1954). È Achille che muore vittima tutto insieme della forza, della stato selvaggio e della bellezza di Pentesilea.

10. Le FEL, Marie-france, *Piccolo Dizionario Storico E Pratico Del Dominio E Del Sadismo Delle Donne*, Robert Laffont, Parigi, 1981. p.18.

11. CHEVALIER-Gheerbrant, *Dizionario Dei Simboli*, Parigi, tetta Laffont, p.28.

12. MARCIREAU, Jacques, *Storia Dei Riti Sessuali*, Parigi, Robert Laffont, 1971. p. 175.

13. Questa aneddoto spiegherebbe perché, le immense conquiste di Alessandro non inclusero mai questo piccolo territorio del nord-est dell'Asia-minore, ai piedi del Caucaso, patria atavica delle amazzoni.

14. Vedere a questo argomento Il *Grande Larousse Del Xixe Secolo*, il *Piccolo Dizionario* di Marie-France Le FEL, op.cit., così come i bellissimi romanzi di Marika Moreski: *Il Rio Delle Amazzoni*, e di Christiane SINGER: *la Guerra Delle Figlie*.

15. EAUBONNE, Françoise D', *Le donne prima del patriarcato*, op.cit. p. 70.

16. *Society for Cutting Up Men* (associazione per la castrazione degli uomini).

17. Charlène DEERING, nuovo Rio delle Amazzoni, sempre lesbica, è la fondatrice e la grande sacerdotessa del Femina-Society e, tra i suoi numerosi scritti, si può leggere queste parole : *Credo nella supremazia femminile. Tutti i maschi devono essere ai piedi delle vere donne dominanti. I maschi sono nati per essere gli schiavi delle donne, ciò è l'ordine sociale da venire. I maschi hanno paura della superiorità femminile ed è il perché cercano di condannarle dappertutto, ove possono. Il loro peggiore delitto, è quello di convincere delle donne che i maschi sono superiori ! Io sono felice di sapere che sono una donna dominante e che i miei schiavi desiderano veramente soffrire ed imparare grazie al mio vasto sapere in materia di supremazia femminile.* (FEMINA-La Voce femminile dell'Autorità, N°5, primavera 92).

18. Citato da CHEVALIER-Gheerbrant (*op. cit.*).

19. *Op. cit.* p . 50.

20. Alcuni arrivano fino a qualificare quest, ultima come « la prima Ginarchista moderno ». Molto bella, Essa amava essere circondata di favoriti che la servivano e che maltrattava spesso. Lei fece assassinare un amante incostante per sostituirlo. Poiché era forse intrinsecamente lesbica, non cessò di difendere la supremazia delle donne.

21. Ed il loro debole sposo, beninteso...

22. Simone di BEAUVOIR, *op. cit.* p. 180.

23. Detto il padre fanciullo (1796-1864) ingegnere francese sansimoniano.

24. Teorica, femminista nata nel 1934 in Minnesota, che si portò avanti la missione di combattere i maschi e di denunciare il loro ripugnante fallocentrismo.

25. Movimento per la castrazione degli uomini.

26. Sui benefici della servitù sessuale dei maschi, si leggerà con interesse il piccolo libro di Michel PLESSIER, *Elogio della servitù*, stampato nel 1994 da Spengler.

27. *Del buono uso dei masochisti*, Parigi, Diacronici, 1987.

28. Heinrich Cornelius acchiappò VON di NETTESHEIM, medico di cabalista e filosofo tedesco di lingua latina (Colonia 1486-Grenoble 1535), di cui il *De occultae philosophia* (1529) ed il *De incertitude et vanitate scientarium* (1527), conobbero un grande successo al XVI secolo, fu il medico della madre di François Primo e lo storiografo di Carlo V.

29. Leggere su questo argomento l'eccellente studio di Simone di Beauvoir, *Il Secondo Sesso*.

30. Vedere a proposito di questo argomento, l'articolo di WLASTA del *Piccolo Dizionario Storico E Pratico Del Dominio E Del Sadismo Delle Donne*,

di Marie-France il FEL, e, per quelle che hanno la possibilità di consultarlo, il *Grande Larousse Del Xix Secolo*.

31. Così Marie di Champagne, alla fine del XII, esigeva dal cristiano di Troyes che l'eroe, cavaliere della carretta si ridicolizzasse in pubblico per la sua bella, in nome della fine dell'amor.

32. Margherita (1480-1530), figlia dell'imperatore Massimiliano, fu un'ammirevole governante del Paesi Bassi ed una politica temibile. Concluse con la duchessa di Angoulême la famosa pace delle signore e lasciò molto scritti poetici ed autobiografici.

33. AGRIPPA, Heinrich Cornelius, *Della Superiorità Delle Donne* (1509), collezione « teosofia cristiana », DERVY-libri, Parigi, 1986. (Testo tradotto dal latino, presentato ed annotato da Bernard DUBOURG, aggregato di filosofia).

34. In ebraico: 'DM = Adamo e 'DMH (adamo) = la terra. HWH (Hawwah) = Eva e HYH = vive.

35. L'ordine della genesi divina è biblicamente e logicamente il seguente: minerale =>vegetale => animale => maschio umano => Donna.

36. AGRIPPA: *op. cit.* p.38. 37. Così Salomone adorava Astarte e faceva costruire un tempio a ciascuna delle 700 donne straniere ; così David elevava Abigaïl, poi Bethsabée, alle più alte funzioni ; così, ad Abramo stesso, dio ordinò : Sebbene ti dico Sarah, ascolta la sua voce (genesi 21, 12).

38. A proposito del tradimento omicida di Judith, Cornelius AGRIPPA scrisse: « si può concepire progetto più iniquo, tradimento più crudele, perfidia più insidiosa e tuttavia è a questo tipo di macchinazioni che la Scrittura sacra conferisce i suoi favori, la sua benedizione, il suo elogio, i suoi incoraggiamenti: dappertutto, io lo ripeto, la Bibbia concede una reputazione migliore, da lontano, ai misfatti delle donne che a benefici degli uomini. » (*op. cit.* p.60.)

39. Non dimentichiamo che ciò che le più recenti ricerche ginarchiche permettono di affermare, come Valérie SOLANAS (in S.C.U.M., 1971) : « il maschio è un incidente biologico; il gene Y (maschio) non è che un

gene di X (femmina) incompleto, una serie incompleta di cromosomi. In altri termini, l'uomo è una donna mancata, alcuni un incidente di percorso, un aborto congenito. (...) La virilità è una deficienza organica, e gli uomini sono dei esseri indeboliti... »

40. Aspasie, Dama, Gemina, Caterina di Alessandria, eccetera.

41. Nel suo *Piccolo Dizionario Storico E Pratico Del Dominio E Del Sadismo Delle Donne* della signora Marie-France Le FEL, tra la galleria di dominatori che lei ci presenta, si trova più di una ventina di lesbiche !

42. Per prova ciò estratto di un lavoro firmato Ch. DORLE ed intitolazione scema e cattiva dove due lesbiche, avendo legato i loro schiavi maschi al soffitto, si l'immagina realmente impiccati : « Abbiamo bene del male ad addormentarci tanto è delizioso lo spettacolo di questi due uomini nudi, sospesi al soffitto, al di sopra del letto dove siamo estesi. (...) Mi immagino Dick e Connie, appesi dal collo, la lingua di pendante, e scivolo la mano tra le cosce di paulette. Il mio tenero amico ha forse lo stesso pensari che io, perché la sua mano scavi i miei merletti, scivola sul mio ventre. Sento i suoi dita triturano la mia clitoride. I nostri occhi sono fissati il due schiavi sospesi e le nostre mani si attivano, si attivato e si ancorato. I nostri bassi ventri hanno uno scarto, le nostre mani si raggrinzano, i nostri labbri si socchiudono per lasciare fondere un il dolce rantola ed i nostri occhi si chiudono. La notte avvolge il nostro corpo comodamente affondati nei tessuti di lana serici sotto le figure gonfiati e ridicoli dei nostri maschi sottomessi e silenziosi. »

43. Vedere a questo argomento gli studi e le conclusioni incontestabili di Jean Jacob BACHOFEN, Céline RENOOZ, signora di paini, Simone di BEAUVOIR, Françoise di EAUBONNE, eccetera.

44. Il maschio fece porter dei vestiti ai suoi sacerdoti, e loro ordinarono spesso la castità, per meglio convincere il popolo di loro quasi femminilità. Egli fece credere all'infantile che le amazzoni non erano che personaggi mitologici. Finalmente, asserve totalmente la donna, si dichiarato « signore e padrone » o « capo di famiglia » secondo le società e le epoche, istituí stesso talvolta la poligamia o, peggiore, il porto di un velo sulla faccia delle donne, nella mira evidente di mascherare agli occhi di mondo la sua intrinseca inferiorità maschile, in particolare

visibile attraverso la bellezza del volto o l'intelligenza dello sguardo delle donne.

45. Il « streghe » , moto di USA.

46. Vede sopra. *Society for Cutting Up Men*, « associazione per la castrazione degli uomini », moto di inferitura internazionale creata all'USA per la lesbica femminista Valérie SOLANAS.

47. « L'uomo è per naturale una sanguisuga, un parassita affettivo, ed alcuno ragione etica non prova del lascia in vita perché nessuno non ha il diritto di vivere alle spesi processuali di qualcuno di altro. Come la vita degli umani primi quella degli animali per la sola ragione che loro sono più evoluti e dotati di una coscienza superiore, lo stesso la vita delle donne deve primeggiare quella degli uomini. Perciò si sgombera di qualche uomo che ciò cioè è un atto legittimo e buono che è improvvisamente il vantaggio delle donne nello stesso momento in cui egli è un atto di pietà. » Valérie SOLANAS, *SCUM*, 1967.

48. Vede sopra la citazione di *SCUM* in si richiamando che, da molto, per congelamento, si può conservare lo sperma necessario alla sopravvivenza della specie per dei migliaia di anni. Finalmente, questi qualchi parole, ancora, tirati dello SCUM Manifesto: I pochi uomini che rimarranno sul pianeta avrà tutto il tempo di trascinarsi loro vecchio giorni gracili. Loro potranno sfondarsi alla droga o si pavoneggiato in stracci o guarda agisce le potenti donne in spettatori passivi, tentando di vivere per procura.

49. Si leggerà con interesse l'eccellente e visionario romanzo poético-filosofico di Monique WITTIG, *Il Guérillères*. « Dicono, che vivoni, che muoioni, non hanno più il può... » *Op.cit.* p.165.

50. Gli argomenti di un « Femmocrate » della grande guerra degli azzurri e delle rosi, di Norman Spinrad : « Per il maschio, e per le sue caratteristiche fisiche stesso, il coito è aggressione e conquista. Per gli, aggressione e sesso non fanno che un, ed è la benzina della sua mascolinità. (...) Quando una sorella accarezza un'altra sorella, egli non c'è né penetrazione, né dialettico violento tra il duro ed il molle, lo dà e lo prende. Tutti i gesti dell'amore diventano armonia, e la sola forza che si manifesto è quella che cresce i corpi, gli spiriti ed i cuori a

fonderesi uno nell'altro... »

51. I progresso tecnico attuale permettono già a più esigente delle ninfomani di ha nel suo sacco a mana una custodia di arnesi erotici sostituiri molto vantaggiosamente il campione, umano o altro, il meglio addestrato. Citiamo ancora Marie-France Le Fel: « L'erezione, simbolo della vitalità maschile, è spesso il bersaglio del dominatore di cui molto, egli corre il rischio lo riconosce hanno delle inclinazioni saffiche e degli istinti lesbici. La virilità maschile in erezione appare dunque, per queste donne, come una sfida o un'ingiuria alla loro supremazia ed al loro dominio. »

52. Marie-France LE FEL, ancora una volta : « La maggior parte dei dominatori riconoscono che non hanno di rapporti sessuali veri con i loro schiavi. Parecchi di loro essendo, d'altronde, delle lesbiche convinte. L'idea di ha dei rapporti sessuali ripugna all'altro che considerano, a torto o a ragione, che è loro fanno troppo onore. » (Op. Cit.)

53. Delle origini dell'uomo alla protostoria.

54. Della preistoria all'epoca storica.

55. A partire dal XVIIIe secolo.

56. Prime manifestazioni durante il XXe secolo.

57. Probabilmente fin dal centro del XXIe secolo.

58. Ciò che è precisamente la mira di questo piccolo consegna.

59. Cf. Gini Graham SCOTT, *Il Dominio Femminile*, Parigi, Mérodack, 1987. « Il principio fondamentale in è che la donna deve essere l'oggetto non solo di un interesse erotico, ma ugualmente di un'adorazione, perché la sua natura spirituale è superiore a quella dell'uomo ». p.14.

60. *Society for Cutting Up Men* (associazione per castrare gli uomini), vede sopra, rimprovera aspramente primo, secondo partire.

61. Si noterà l'epiteto « pratico », confessione della mira militante

dell'artefice di questo lavoro.

62. E di qualchi romanzi storici, o ispirati in realtà reali, come il *Rio delle Amazzoni*, *la Padrona Nera*, eccetera.

63. *Il Dominio Femminile*, Parigi, tetta Mérodack, 1987, ed il può erotico, Parigi, tetta Mérodack, 1986.

64. Pensiamo, con molto altro, che l'integralismo, musulmano o cattolico, non è che l'ultima battaglia, disperato, di mondo patriarcale oscurantista. I maschiliste giocano loro ultimi armi e, come lo hanno d'altronde sempre fa, utilizzano la violenza cieca ed il terrorismo per combatterlo può femminile in camminare.

65. Parigi, Mérodack, 1987.

66. La natura desidera l'instaurazione della disciplina, fondamento della civilizzazione rendendo possibile tutti attività umana coordinata. *Op. cit.* p. 8.

67. « Quando intraprendo di drizzare un giovane animale umano, lo colloco fermamente sotto controllare. Deve capire che io sono il suo Maitre, la sua amica. Non tollero alcuna familiarità della sua parte. Non parla che lorsqu'on gli indirizzi la parola e mi dice " SIGNORA ". Nella mia presenza, egli si tiene in piedi e non si fa sedere finché io non gli ho detto ; stesso in questo caso dovrà sedere forse in sarto sul terreno. Egli si veste o si spoglia sul mio ordine. Egli è sbattuto regolarmente e duramente. Impara le virtù dell'umiltà e dell'ubbidienza. » *Op. cit.* p.9.

68. *Drizzo Il Mio Marito*, Parigi, Mérodack, 1989.

69. Tutti tre pubblicati a Parigi, da tetta Mérodack.

70. Di questo ultimo lavora minuziosamente, citeremo solo qualchi frasi della prefazione: Mi chiamo Astride e questo lavoro non ripresenta che una piccola parte del mio programma sistematico e scientifico per l'asservimento di tutti i maschi. Ho l'intenzione di insegnare alle donne il modo il più efficacità di utilizzare il loro corpo per prenderlo può, e desidero ugualmente spaventa gli uomini. Tutti gli uomini sono eccitati dall'idea di una donna « cattivo » o « perverso ». Ma, contrariamente ha

un'idea solidamente stabilito che associa automaticamente il masochismo e la flagellazione, perfino la tortura, io ho scoperto da esperienza che i fantasmi masochiste il più spanti dagli uomini consisteva ha soffrire e ha essere umiliato dal corpo stesso della donna. Egli ne risulta che un colpo di frusta, una puntura o un giorno in gabbia è meno efficace che uno schiaffo, un segno o un'ora di soffocamento sotto la groppa di una donna. Il mio programma mira dunque ad utilizzare più grande debolezza dell'uomo, a sapere l'irresistibile attrazione che provi per la donna, la sua andatura, la sua voce, il suo corpo e tutti ciò di cui questo è normalmente capace.

71. Noi preferiamo il vocabolo di insegnamento a quello di Education, quale noi sembriamo connota una volontà di foggiare gli spiriti contrari ai nostri principi. Richiamiamo che il Gynarchie è il sistema naturale di governo di mondo per la donna e che conviene dunque di CONVERTIRE e no di convincere.

72. Ed è bene naturale perché sono l'Etudiantes che approfittano principalmente ed in priorità dei nostri investimenti in « materia grigia » ed in materiale di insegnamento. Di più, la presenza dei ragazzi imbardando all'istituzione di liquidare un conto considerevole di personale di servizio, è naturale che il loro pensione cioè meno onerosa.

73. Richiamiamo che del resto parola di GINARCHIA, che significhi il PUÒ femminile, noi abbiamo preferito sostituire, per la sua accezione educativa, il vocabolo di GINOCRAZIA, che designi piuttosto la dottrina dei preeminenci femminili dentro all'istituzione dove lo può non essere ripresentato che per l'insegnante e la direzione, anche se ciò può essere in parte esercitato effettivamente per l'Etudiantes.

74. (vede quadro di n°2) = Padrone, e = Elève, s = sapere. Noi preferiremo tuttavia, per una migliore comprensione del nostro proponimento, le denominazioni di m = padrona, e = Etudiante e s = sapere.

75. Nel piano di studi di un corso maschile, il viavai si stabilisce solo tra il due corre femminili intermedi (giovani figlie adolescenti) o tra i corso estremo (figlie Giovani donne). Infatti, il coadiuvante non può perfezionarsi in THEORIE che con il concorso di Etudiantes ancora alla scoperta delle possibilità di utilizzazione dei maschi (13-17 anni),

ma, al contrario, nella pratica, il suo acquisto empirico delle conoscenze esatte per il Gynarchie è più facile vicino a piccole figlie di |gynocratiquement| spontanee (10-13 anni) o vicino a giovani donne in fine di formazione e si presti ad entrare nella vita attiva o universitaria di (17-19 anni).

76. La nota 1 è attributo, dopo controllare, per la padrona caricata del corso specifico maschile. La nota 2 è attributo in consiglio paritario per le padrone del corso generale, la direzione dell'I.M.E.G., ed il delegato eletto dell'Etudiantes. In quanto alle note 3 e 4, loro sono attribuiti dal solo Etudiante-titolare del coadiuvante (questo ultimo essendo solo abilitato a ciò e, facoltativamente, a giustificare la sua nota per un'osservazione sullo schienale del coadiuvante). Così, la notazione e le eventuali sanzioni degli ausiliari maschili sono condizionate tanto per il |devoirs| scolastico che per gli obblighi individuali di servizio.

77. L'efficacia di un coadiuvante, durante il corso, si misura a questi tre spuntari molto compendio: - silenzio totale e permanente,- rapidità di esecuzione degli ordini accettati, - leggibilità e completezza delle note manoscritte. È d'altronde su questi stesso spuntari che l'Etudiante-titolare nota il suo coadiuvante ogni trimestre.

78. L'età di limite di ammissione dei coadiuvanti all'I.M.E.G. è variabile ma non si può nondimeno tollerare, vicino al nostro giovane Etudiantes, la presenza di adulti troppo anziani. Per questi, la sola possibilità di formazione rimane la loro partecipazione alle sessioni che le nostre padrone ed i nostri Etudiantes di ultimo anno organizza spesso (in generale con l'intenzione di trovare della mano di opera supplementare a questi ultimi !)

79. Infatti, se tutti Etudiante-titolare dell'I.M.E.G. dispone in priorità del suo coadiuvante successivo (autorizzati all'epoca di ciascuno dei cicli della sua scolarità) per esercitaresi al comando e per studiare la psicologia dei subordinati maschi, lei può puntualmente, per dei lavori specifici a mira educativa o si iscrivere nella cornice conviviale della vita comunitaria (elaborazione di una rivista, di un pezzo di teatro, di un pasto di anniversario, eccetera.), chiede che un certo numero di altro coadiuvanti sono collocati temporaneamente sotto i suoi ordini (se ottiene tuttavia l'accordo preliminare della direzione e quello dell'Etudiantes-titolari totalmente o parzialmente privati del loro

ausiliare).

80. Entrano in questi « competenze tecniche » tutti gli scienze femminili permettendo l'accesso al può assoluto, sociale, professionale e familiare, ed il pieno esercizio dell'autorità (arti della seduzione e del dominio, metodi di punizioni diverse, di torture fisiche e mentali, eccetera.). 81. Questi, durante questo tempo, sono occupati alla manutenzione della camera personale di loro Etudiante-titolare, messo in ordine delle sue faccende, cernita degli abiti ed indumenti intimi sporchi, pulizia completa della sala di bagni, casa...

82. Quali sono allora in piena attività sportiva: nuoto, volley, pallacanestra, tennis...

83. Si stabilirà una gradazione delle punizioni corporee di tipo sculacciato distinguendo quelle applicati a mani nude, al rondone ed al frustino.

84. Si distinguerà l'isolamento CON |connection|-video ad un o parecchi Etudiantes e l'isolamento SENZA collegamento-video. Infatti, la cellula di isolamento è equipaggiata di un istruttore di video rilegato a diverse telecamere installate all'interno ed all'esterno dei fabbricati dell'I.M.E.G. (salotto e sala al mangiare dell'Etudiantes, parco, terreni di tennis, portate a temperatura ambiente particolari). Per evitare tutti colpito allo psichismo del sancito isolato, si potrà lasciare continuamente a questo la visione su schermo degli atti quotidiani (pasto, allentamento, attività sportiva, perfino sonno) di quella a che ha portato pregiudizio e che ha augurato il suo isolamento durante qualchi giorni, che questa cioè o no il suo Etudiante-titolare. Il punito può così vivere per procura, il tempo del suo isolamento, la vita quotidiana di un Etudiante.

85. Verso un altro I.M.E.G., in generale all'estero.

86. O soggezione.

87. O soggetto.

88. O sovrana.

89. Du latino **ergastulus** : laboratorio dove la padrona rinchiude i suoi schiavi durante la notte. Si parla oggi di stalla e, oltre Atlantico, di *dungeon*.

90. Lire a questo argomento il *Piccolo Dizionario* di signora Marie-France il FEL (*op. cit.*), all'articolo schiavo.

91. Dopo l'asservimento, non è più necessario che lo schiavo posi un nome. Solo la sua designazione funzionale, o ancora una particolarità fisica, può ormai largamente bastare (domestico, leccapiedi, sputacchiera, monco, castrato, eccetera.).

92. Per questo partire sensibile e delicato dell'erezione del maschio, si montato all'eccellente lavoro di Sophie DOMPIERRE, (*op. cit.*).

93. Vedere bibliografia.

94. Il terrore dei resistenti maschi di fronte allo stagione novella di |gynarchiste| minacciare le loro prerogative passatiste sono diventate come vanno fino ad assassinare le donne che non fanno che passano per indipendente o coltivato. Questa violenza cieca disinnestato dalle integraliste maschie algerine in particolare, è bene la prova del totale smarrimento di questi fallocrati deboli davanti all'irresistibile ascensione sociopolitica delle donne.

95. Il dominio dell'educazione essendo stato trattato sopra (III, 1) e quelli dell'esercito e dell'impiego facendo l'oggetto di capitoli distinti infra (IV, 2 e IV, 3).

96. Cf. sopra (III, 1) p. 46.

97. Di sorgente I.N.S.E.E., 92 % dei divorzi hanno luogo in dei paia di cui l'uomo ha fatto il suo servizio militare. 85 % hanni luogo nei 5 anni che lo seguono.

98. Tra queste, le giovani donne incaricate di soldati, talvolta della stessa età che loro ma spesso indisciplinati, veglieranno affinché questi eseguono alla perfezione le corvè in particolare umilianti, per estirpare poco a poco tutti falsano orgoglio maschile malo collocato.

99. Per preoccupazione di sicurezza, egli converrà di sempre raddoppia i sistemi di visualizzazione, in modo da, stesso in caso di panna, i sorvegliari possono localizzare tutti gli elementi maschi di cui avranno la guardia.

100. Si aura di cura, per rendere più piacevole il lavoro dei maschi, di utilizzare di soave voce femminile per la digitalizzazione degli ordini a diffondere.

101. Vede il sotto-rimprovera aspramente consacrato alla settimana femminile di tre giorni.

102. Conto no tenuto, naturalmente, delle eventuali teste di bestiame ovino o bovino.

103. Non si dimenticherà, in una mira puramente igienico, di diffondere qualchi sequenze erotiche (di preferenza saffica per evitare tutti gelosia e cattivo assimilazione) dove il piacere femminile sarà bene mettere in evidenza ed esaltato.

104. Vede sopra (IV, i, 3) p. 85.

105. È provato: i maschi, stesso sottomettere da molto a lungo, hanno ancora del pensato e delle sensazioni.

106. In mondo futuro interamente ginarchiato che auguriami, perché non dà lo statuto d " immobiliare " a certi schiavi maschi che possono essere ceduti, nelle transazioni immobiliari di particolare a particolare, nello stesso momento in cui l'alloggio al quale sarebbe affettato e ribadito, come l'acquaio, la vasca da bagno o il trono delle toiletti? Questa misura si presenterebbe il vantaggio di ha uno schiavo sempre perfettamente informato della manutenzione necessaria a tutte le parti dell'alloggio durante cessione. Certi appartamenti possono stesso prende un certo valore immobiliare grazie al maschio che c'è fisso.

107. Sgabello, lampada a stelo, conta, posa-cappotto, eccetera., le possibilità mobiliari di un maschio sono innumerevoli...

108. *Op. cit.* p. 121.

Gynarchy International

*

Aline d'Arbrant

La Ginarchia

Anna e suoi schiavi

Schiavi di Lesbo

Anne Lezdomme

Il Triangolo ginarchico

Anonimo

Gynarchic Images

Gynarchic Images 2

http://gynarchy.org

www.ingramcontent.com/pod-product-compliance
Lightning Source LLC
Chambersburg PA
CBHW060406290526
45791CB00002B/623